法学名家与法学方法丛书

主　编　韩大元

行政法
入门

（第二版）

余凌云　著

INTRODUCTION TO
ADMINISTRATIVE LAW

中国人民大学出版社

·北京·

图书在版编目（CIP）数据

行政法入门 / 余凌云著. -- 2 版. -- 北京：中国
人民大学出版社，2024.6
（法学名家与法学方法丛书 / 韩大元主编）
ISBN 978-7-300-32876-8

Ⅰ.①行… Ⅱ.①余… Ⅲ.①行政法－基本知识－中
国 Ⅳ.①D922.104

中国国家版本馆 CIP 数据核字（2024）第 108251 号

法学名家与法学方法丛书
主　编　韩大元
行政法入门（第二版）
余凌云　著
Xingzhengfa Rumen

出版发行	中国人民大学出版社				
社　址	北京中关村大街 31 号		**邮政编码**	100080	
电　话	010 - 62511242（总编室）		010 - 62511770（质管部）		
	010 - 82501766（邮购部）		010 - 62514148（门市部）		
	010 - 62515195（发行公司）		010 - 62515275（盗版举报）		
网　址	http://www.crup.com.cn				
经　销	新华书店				
印　刷	北京联兴盛业印刷股份有限公司	**版　次**	2022 年 10 月第 1 版		
开　本	890 mm×1240 mm　1/32		2024 年 6 月第 2 版		
印　张	6.875 插页 3	**印　次**	2024 年 10 月第 2 次印刷		
字　数	151 000	**定　价**	59.00 元		

作者简介

余凌云　清华大学法学院教授、博士研究生导师，公法研究中心主任。兼任中国法学会行政法学研究会副会长。研究领域为行政法学、行政诉讼法学、警察法学、数字法治政府。个人著有《行政法讲义》《行政法案例分析和研究方法》《警察法讲义》《行政契约论》《行政自由裁量论》《行政法上合法预期之保护》《行政法入门》等 13 部著作，在《中国社会科学》《法学研究》《中国法学》等刊物发表论文百余篇。主持教育部哲学社会科学研究重大课题攻关项目、国家社会科学基金重大项目、教育部人文社会科学重点研究基地重大项目等多项课题。获得第六届"高等学校科学研究优秀成果奖（人文社会科学）"二等奖、第五届"钱端升法学研究成果奖"一等奖、首届"中国青年法律学术奖（法鼎奖）"银鼎奖等奖项。

总　序

习近平总书记指出，要"……切实提高运用法治思维和法治方式推进改革的能力和水平"①。这对法学教育提出了更高的要求。对于法科生而言，系统地学习法律专业知识固然重要，但每个法律知识背后都体现特定的思维方式，因此，对法律思维和法学方法的培养尤为重要。为此，中国人民大学出版社组织编写了这套"法学名家与法学方法丛书"。该套丛书由多年从事法学教育的学者亲自编写，通俗易懂地讲授宪法学和部门法学的一般性知识及其背后的思维原理及方法，非常适合刚入法律之门的本科生，包括准备系统地学习法律专业知识的初学者。

那么，何为法律思维和法学方法？大约在15年前，法学界就这个问题进行过热烈讨论。法律与人们的日常生活联系十分紧密，内容包罗万象，涉及生命科学、金融、医学、互联网等科技专业知识，从事法律职业所需要掌握的知识领域越来越广。似乎法与人类活动的关联性无所不包，如没有自己独特的思维，法律职业的专业性就会受到质疑。事实上，在实践中，往往出现这样一种现象：从事科技工作的人比纯粹的法律职业者更有优势。这无疑

---

① 新华月报. 新中国70年大事记（1949. 10. 1—2019. 10. 1）：下. 北京：人民出版社，2020：1603.

对法律职业的专业性提出了挑战。于是，法律学者提出了"要像法律人那样思维"的命题，旨在强调法律职业的专业性。

其实，法治之所以能够"固根本、稳预期、利长远"，原因就在于它为整个国家共同体的治理提供了一套规则体系，并在该规则体系之下，寻求并达成社会共识，而不是使每个社会成员都从自己的观念出发。从这个意义上讲，"法治首先是规则之治"，因此，无论是法律实践，还是法学研究，基本的任务就是探讨法律规范的形成、相互之间的关系，以及如何实施。具体说，就是要探讨如何建立以宪法为核心的中国特色社会主义法律体系，推动全面依法治国进程。在法治实践与法学研究中形成的一整套的思维方式和所需要运用到的方法，就构成了法律人的思维和法学方法。

就宪法和各部门法而言，其具体的思维方式和表现形式也有各自的特点。比如，宪法是国家的根本法，是治国理政的总依据，它为国家治理提供了基本的价值体系。因此，如何规范国家权力、保障公民的基本权利是宪法学依据宪法思维和宪法学方法需要思考的问题。而其他部门法，比如：民法主要调整平等主体之间的关系，民事法律规范就采用了意思自治原则，尊重民事主体的意思自由；刑事法律规范则与之相反，采用了罪刑法定的原则。又如：在中国人的传统观念中，一谈诉讼，就想到"打官司"，觉得被诉了就是不好。其实，诉讼法是由诉权与胜诉权两个基本概念构建的一整套诉讼法律制度，这两者既相关联，又不完全相同——属于不同性质的权利，行使诉权，并不意味着胜诉。

总之，观念是行动的先导，而观念又总是与特定的思维方式密切相关。专业的思维方式就像一条主线，把各种零散的专业知识串起来，从而形成具有融贯性的专业知识体系。因此，对于法律教育和教学来说，应该多注重对法律思维和法学方法的培养，才能培养出合格的法律人。

韩大元

2022 年 10 月

第二版序

《行政复议法》于 2023 年修订了，除 1 条未动外，共修改 38 条，删除 4 条，新增 51 条，条文总数由原来的 43 条增至 90[①]，变动极大。因此，实有必要修改本书与行政复议相关部分。

"行政三法"（《行政处罚法》《行政许可法》《行政强制法》）、"救济三法"（《行政复议法》《行政诉讼法》《国家赔偿法》）和"一公开"（《政府信息公开条例》）构成了行政法的四梁八柱，是国家统一法律职业资格考试必考内容。在初版中，提及有机会要增补政府信息公开，现在也该还愿了。

中国人民大学出版社白俊峰老师建议，作为入门书籍，本书中能否谈谈如何写作行政法论文。前不久，我刚好应邀给国家开放大学师生作过讲座，便立即联系姚来燕老师拿来录音，请郑晓军初步整理，我再重新润色修改了一遍，收入书中。

"读书之法，在循序而渐进，熟读而精思。"（朱熹《读书之要》）希望本书能够帮助新手小白初窥门径，升堂入室。

余凌云
2023 年冬至于法图

---

① 徐运凯. 主渠道目标导向下新行政复议法的制度创新与理论解读. 法律适用，2023（12）.

前　言

　　从 1997 年执掌教鞭算起，已历经二十五载。其间，为各类学生授过课，不仅有法科学生、研究生，以及 Chinese Law LLM 项目的留学生，还有行政执法人员、律师、法官、检察官；有本科课程、研究生课程，也有培训课程。我也不时听闻行政法"不好学""好难懂"的抱怨，还在课堂上与学生深入交流其中缘由，也浏览知乎上学生们的吐槽。我也深表遗憾。"不得其门而入，不见宗庙之美。"（《论语·子张》）但是，我不认同一些人归咎于行政法知识杂乱无章、零碎拼接，这只因他们摸不到门径，难获其门而入。

　　我已经在清华大学出版社陆续出版了"教材三部曲"，也就是《行政法讲义》《警察法讲义》《行政法案例分析和研究方法》。这些教材在编写过程中都非常注重科研与教学的互动，及时将前沿研究转化为教学内容。法科学生读起来可能有点难。我一直就有写一本入门教材的计划，作为《行政法讲义》的导读。拾级而上，终可拿云。当韩大元教授告诉我，他正为中国人民大学出版社策划一套法学入门丛书，问我是否有兴趣参加，我便一口答应。

　　对这本小书，我很用心。第一，在体例上，展现行政法的基本骨架，包括行政主体、行政行为、行政救济，以依法行政一以贯之，揽括"行政三法""救济三法"，这些都是历年法律职业资格考试的重点。照理还要引介"一公开"，《政府信息公开条例》也是必考内容，透明化政府建设，是继行政诉讼之后又一个重要控权机制，只因政府信息公开行为无法类型化，在行政法体系上相对独立。衡量百遍，思量再三，本书还是先介绍基本骨架吧。第二，在内容上，勾勒出行政法知识体系的大致轮廓，摘取要点，注重基础，不求全面，不追前沿，也不探究学术争议。结合法律规定，讲述相关理论。以案释法，也主要从最高人民法院公报案件、指导性案件以及典型重大案件中采撷。第三，在引介上，侧重学习方法，尤其是讲解行政法知识之间的内在联系。将有关知识串联在一起，条分缕析，有助于在理解之上有效记忆。

这本小书的用法也大小由之。不仅可为法科学生学习行政法的"前菜"，也可为行政机关、法院、检察院新进人员的行政法知识普及读物，还不妨当作法律职业资格考试备考的辅助书籍，读懂常考的一些重要知识点。

行政法入门，介绍了行政法的基础知识以及学习方法。要想学好行政法，光看"入门"是不够的。怎么升堂入室，学有所成呢？我在附录中开出了精读书目。当然，这显然不是全部。改革开放之后，随着法治政府建设的不断深入，行政法研究成果井喷式涌出。何海波教授分门别类地整理了有关著述，洋洋洒洒，蔚为大观。我只能从中撷取一些，推荐精读，难免挂一漏万，沧海遗珠。建议学生可以同时浏览"行政法学书目汇览"（2021 年）①，

---

① https://mp.weixin.qq.com/s/bOo4vsZ2MW2L7OMFpm‐61A，2022 年 5 月 5 日最后访问。

按照个人喜好遴选阅读。

在本书写作过程中，郑志行、郑晓军帮助收集有关案例，整理参考文献，核对有关信息，协助绘制一些图表，王正鑫、黄味协助核对法律规定，苏州大学法学院施立栋、北京市委党校法学部赵丽君、南京大学法学院李晴、大连海事大学法学院郑琳、云南民族大学法学院纳瑛、清华大学法学院博士后张涛和正备战"法考"的董佳乐，还有吾儿余俊达都对初稿提出了改进意见，在此一并致谢。

余凌云

2022 年夏于禧园

目　录

一、初识行政法 …………………………………………… 001

　1. 懂点行政法知识 ……………………………………… 001

　2. 什么是行政法 ………………………………………… 004

　3. 行政法很难学吗 ……………………………………… 007

　4. 法律职业资格考试与法学教育 ……………………… 019

二、有效记忆行政法知识 ………………………………… 022

　1. 行政法体系结构 ……………………………………… 022

　2. 行政法的支架性结构 ………………………………… 024

三、依法行政原则 ………………………………………… 029

　1. 依法行政的基本要求 ………………………………… 030

　2. 与行政法基本原则的关系 …………………………… 033

　3. 依法行政是行政法的基石 …………………………… 042

四、行政主体 ……………………………………………… 046

　1. 行政主体与行政诉讼被告 …………………………… 046

　2. 政府结构 ……………………………………………… 053

　3. 派出机关和派出机构 ………………………………… 055

　4. 垂直领导与双重领导 ………………………………… 057

五、行政行为 ································ 061

1. 行政诉讼建立在行政行为之上 ··········· 061

2. 行政行为的含义、基本特征 ············· 062

3. 行政行为的种类与分类 ················· 064

4. 行政行为的合法要件 ··················· 070

5. 行政行为的效力 ······················· 071

6. 行政行为类型化概述 ··················· 074

7. 行政行为类型化（Ⅰ）：行政处罚 ······· 075

8. 行政行为类型化（Ⅱ）：行政许可 ······· 082

9. 行政行为类型化（Ⅲ）：行政强制 ······· 091

六、政府信息公开 ·························· 101

1. 什么是政府信息 ······················· 101

2. 不予公开事项 ························· 103

3. 公开主体 ····························· 105

4. 公开方式（Ⅰ）：主动公开 ············· 106

5. 公开方式（Ⅱ）：依申请公开 ··········· 106

6. 纠纷解决 ····························· 109

7. 公共企事业单位公开 ··················· 109

七、行政救济（Ⅰ）：行政复议 ·············· 111

1. 行政复议与行政诉讼的异同 ············· 111

2. 复议前置与自由选择 ··················· 113

3. 复议范围 ····························· 114

4. 复议机关、复议机构与复议委员会 ······· 117

5. 申请人、被申请人和第三人 ············· 121

6. 复议不停止执行原则 ··················· 121

7. 复议审理 …………………………………………… 121

8. 复议决定 …………………………………………… 123

八、行政救济（Ⅱ）：行政诉讼 …………………………… 129

1. 受案范围 …………………………………………… 131

2. 行政协议及其审理 ……………………………… 133

3. 规范性文件附带审查 …………………………… 134

4. 管　辖 ……………………………………………… 137

5. 诉讼参加人 ……………………………………… 139

6. 证据及规则 ……………………………………… 144

7. 法律适用 ………………………………………… 148

8. 诉讼程序 ………………………………………… 150

9. 行政机关负责人出庭应诉 ……………………… 152

10. 调　解 …………………………………………… 153

11. 一并解决民事争议 …………………………… 154

12. 行政裁定、决定和判决 ……………………… 157

13. 检察机关实行法律监督和提起行政公益诉讼 ……… 160

14. 执　行 …………………………………………… 162

九、行政救济（Ⅲ）：行政赔偿 ………………………… 164

1. 行政赔偿范围 …………………………………… 165

2. 行政赔偿请求人和行政赔偿义务机关 ………… 166

3. 行政赔偿程序 …………………………………… 167

4. 多主体侵权的责任分担 ………………………… 169

5. 赔偿方式和计算标准 …………………………… 170

十、行政法的学习进阶 …………………………………… 172

1. 比对阅读 ………………………………………… 172

2. 以写代读 …………………………………………… 173

3. 中国问题，世界眼光 ………………………… 175

十一、如何写好行政法论文 ……………………… 178

1. 选　题 …………………………………………… 179

2. 文献资料 ……………………………………… 184

3. 深入调查 ……………………………………… 187

4. 论证与结构 …………………………………… 189

5. 行文表达 ……………………………………… 192

主要参考文献 ……………………………………… 195

行政法精读书目 …………………………………… 203

一、初识行政法

1. 懂点行政法知识

法学界普遍认为，20 世纪 90 年代开始，行政法逐渐成为一门显学。这是因为，1989 年《行政诉讼法》建立了"民告官"制度，1999 年"依法治国"写入宪法，同年 11 月，《国务院关于全面推进依法行政的决定》颁布，这些为行政法发展营造了良好氛围，行政法学研究也开始步入黄金年代。

为呼唤法科学生关注行政法学习，我还曾经兴致勃勃地给新生作过一场讲座"要重视公法学"。可能是有关工作人员疏忽，刊登出来的报道标题莫名其妙地加上了一个问号，变成了"要重视公法学？"。但歪打正着，对很多法科学生来说，要不要把工夫花在行政法学习上，是一个问题。相较于公法，法科学生似乎更热衷于私法，未来可以选择到律所、公司，从事与民法、证券期货、公司法有关的工作。这些职业规划的确很吸引人，但在自己的知识储备中，也应当懂点行政法知识。不然，知识结构就是残缺不全的，不足以应付未来职场需要。

实际上，"民法典与行政法具有天然的关系"①。"从民法典到

---

① 李永军．民法典编纂中的行政法因素．行政法学研究，2019（5）：3.

外于民法典的民事规范，国家的强制处处可见，只是强制的性格、目的和效果不尽相同而已。"① "兼顾自治与管制的混合民事立法比纯粹的民法典更能适应现代社会的需要，'民法典里该不该放进行政法规定'已经为'民法典里该放进多少行政法规定'所替代。"据统计，《民法典》中有 160 多个条款与行政机关直接有关。② 我让学生去梳理《民法典》中涉及行政法的条款，并大致将有关情形分为以下几种：第一，行政活动是民事法律行为生效的基础。③ 第二，行政活动是民事法律关系生成和发展的前提。④ 第三，违反行政规范导致承担民事责任。⑤ 第四，行政法上强制性、管理性规定是民事活动开展的直接依据。⑥ 第五，行政机关应当主动保护私权。⑦ 因此，无论是民商法学者，还是行政法学者都呼吁，要进一步加强学科之间的交流对话。

比如，单从民法或者行政法角度，对于在行政审批、行政登

---

① 苏永钦. 走入新世纪的私法自治. 北京：中国政法大学出版社，2002：4.

② 章志远. 行政法治视野中的民法典. 行政法学研究，2021（1）：42-43.

③ 比如，《民法典》（2020 年）第 209 条第 1 款规定："不动产物权的设立、变更、转让和消灭，经依法登记，发生效力；未经登记，不发生效力，但是法律另有规定的除外。"

④ 比如，《民法典》（2020 年）第 25 条规定："自然人以户籍登记或者其他有效身份登记记载的居所为住所；经常居所与住所不一致的，经常居所视为住所。"

⑤ 比如，《民法典》（2020 年）第 293 条规定："建造建筑物，不得违反国家有关工程建设标准，不得妨碍相邻建筑物的通风、采光和日照。"

⑥ 比如，《民法典》（2020 年）第 511 条第 1 项规定："质量要求不明确的，按照强制性国家标准履行；没有强制性国家标准的，按照推荐性国家标准履行；没有推荐性国家标准的，按照行业标准履行；没有国家标准、行业标准的，按照通常标准或者符合合同目的的特定标准履行。"

⑦ 比如，《民法典》（2020 年）第 1039 条规定："国家机关、承担行政职能的法定机构及其工作人员对于履行职责过程中知悉的自然人的隐私和个人信息，应当予以保密，不得泄露或者向他人非法提供。"第 1254 条规定："……从建筑物中抛掷物品或者从建筑物上坠落的物品造成他人损害的……公安等机关应当依法及时调查，查清责任人。"

记等领域存在着的剪不断、理还乱的公法与私法交织关系，根本无法厘清。我曾就船舶所有权登记作过分析，深感其中问题的复杂性。在大量阅读海商法、民商法、行政法学者的有关著述之后，我才可以初步得出结论：船舶所有权登记属于行政确认，是行政机关对业已形成的私法状态出具证明，而"未经登记，不得对抗第三人"，以及登记之后，能产生怎样的对抗效力，都是民事上的规则，不是，也不应该是公法登记行为直接创制的法律效果。公法登记行为只是确认性行政行为，不是形成性行政行为。否则，行政登记程序，以及登记机关极其有限的调查权，根本不足以使登记机关完成实质审查。①

现在越来越多的学生选择考公务员、选调生。我曾经接受清华大学学生领导力"唐仲英计划"管理团队的邀请，为"唐仲英计划"的学员作"新时代的法治政府建设"主题讲座。这些学生都已考取了选调生，未来将奔赴 26 个省（自治区、直辖市）的各类公共部门。他们绝大多数是理工科、经济学、公共管理、人文社科专业的学生。当然，也少不了法科学生。我建议他们多学点行政法知识，多读些行政法教科书。否则，将来"大权在握"、执政一方，不要说滥用，就是误用公共权力，都可能会给相对人造成伤害、痛楚，其损害程度甚至不亚于医疗事故。

更何况还有一个门槛，需要一张入场券。从 2018 年开始，司法考试改称国家统一法律职业资格考试，扩大了适用范围，不只是律师、法官、检察官、公证员需要通过该考试，从事行政处罚决定审核、行政复议、行政裁决的行政执法人员，以及法律顾问、

---

① 余凌云．船舶所有权登记的行政法分析．中国海商法研究，2021（2）：3.

公职律师、法律类仲裁员也需要参加并通过该考试。其中，行政法的分值比例一般为 8％～10％。[1] 就是从功利角度考虑，法科学生也不可以忽视、无视行政法学习。

2. 什么是行政法

简而言之，行政法就是控制行政权力的法。控权是行政法永恒的旋律。孟德斯鸠说："一切有权力的人都容易滥用权力，这是万古不易的一条经验。有权力的人们使用权力一直到遇到有界限的地方才休止。"[2] 约束行政权力，难度极大，又要持之以恒，西方学者将此比喻为希腊神话中的"西西弗斯与巨石"。巨石太重，花费九牛二虎之力，刚推上山顶，又滚落下来，周而复始，永无止境。

对行政法每个问题的研究，基本上都是沿着行政权力的行使展开分析，思考怎么规范和控制权力，包括权力的设定、行使主体、适用条件、程序以及有关救济（包括复议、诉讼、赔偿或补偿）。这些环节要么是规范控制、程序控制，要么是行政监督、司法控制。比如，对行政处罚、行政许可、行政强制的分析，莫不如此，概莫能外。行政法的论文不管是何种选题，怎么铺陈布局，虽说"文无定法"，却都逃逸不出上述控权结构与内容。

行政法与宪法实际上是两个学科，关注问题、研究角度、学术风格都不尽相同，但关系紧密，教育部曾将它们划为一个二级学科。为什么呢？列宁说过，宪法就是一张写着人民权利的纸。[3]

---

① http://m. sifalu. com/beikao/022321554. html，2022 年 4 月 15 日最后访问。
② ［法］孟德斯鸠. 论法的精神：上册. 张雁深，译. 北京：商务印书馆，1961：154.
③ 列宁. 列宁全集：第 12 卷. 2 版增订版. 北京：人民出版社，2017：50.

"从 1954 年'每一条都代表着人民利益'的我国第一部宪法的诞生，到 2004 年'人权入宪'"，"宪法这张写有人民权利的'纸'越来越厚实"①。宪法之中规定国家机构组织运行、权力分配，都是为了更好地保障和实现公民的基本权利。其中，规范和控制行政机关行使行政权，这项任务就交给了行政法。因此，行政法也称"小宪法""动态的宪法"。英国的韦德说："宪法和行政法是紧密交织、广泛重合的学科"②。德国的弗立兹·韦纳说过，"作为具体化宪法的行政法"③。

行政法的重要性，虽说不至于像奥托·迈耶讲的"宪法消逝，行政法长存"④，龚祥瑞教授的说法似乎也有点溺爱行政法，"宪法是行政法的基础，而行政法则是宪法的实施。行政法是宪法的一部分，并且是宪法的动态部分。没有行政法，宪法每每是一些空洞、僵死的纲领和一般原则，至少不能全部地见诸实施。反之，没有宪法作为基础，则行政法无从产生，至多不过是一大堆零乱的细则，而缺乏指导思想"⑤，但可以肯定的是，行政法对于宪法的贯彻不可或缺。宪法和行政法是彼此独立、各有所好、不可偏废的两个学科。行政法的很多问题研究到最后实际上都是宪法问题。

尽人皆知，行政法属于公法。在英国，公法（public law）一般指宪法与行政法。在我国，公法还包括刑法、刑事诉讼法等。21 世纪初还出现了建立统一公法学的主张，认为"传统上按宪法

---

① 乐楚. 宪法，是一张写着人民权利的纸. 文史博览，2014（2）：1.
② H. W. R. Wade, C. F. Forsyth. *Administrative Law*. Oxford：Oxford University Press，2004：9.
③ 陈新民. 公法学札记. 北京：中国政法大学出版社，2001：3.
④ 陈新民. 公法学札记. 北京：中国政法大学出版社，2001：3.
⑤ 龚祥瑞. 比较宪法与行政法. 北京：法律出版社，1985：5.

学、行政法学、刑法学、诉讼法学等部门公法学科对公法进行分散、分割和封闭的条块研究结构，已明显不适应现代公法发展的需要，导致公法学的理论研究滞后于公法的实践发展"①，于是建议"对宪法、行政法、刑法、诉讼法、国际公法等典型的公法部门，以及经济法、社会保障法、劳动法、环境法等具有较强公法属性的法律部门的共性现象和共性规律进行研究"②。与公法相对的是私法。毫无疑问，民商法属于私法。经济法、环境法、劳动法和社会保障法实际上都是公法与私法交叉运用的边缘性学科，是"现代社会在公法与私法的结合部，在公法与私法一定程度上的相互渗透、相互融合中形成了第三法域带，形成了一个新的法种"③。它们包含着纵横两种关系，纵向是行政关系，横向是民事关系。

私法重视当事人意思自治，公法关注公共利益。"公法则采取了一种与私法完全不同的观念。在公法范围内，完全否定私权自治的思想，政府的作用决不限于保护私权，相反，公法所特别关注的是国家行为在实现公共利益上的作用。"④ 与民法崇尚的"法无禁止皆可为"相反，行政法要求"法无授权不可为"。

正因基本原理大相径庭，行政关系及争议应当通过行政诉讼适用行政法规则，民事关系及纠纷应当通过民事诉讼适用民法规则。行政法与民商法、公法与私法应当各司其职、各安其位。比

---

① 袁曙宏，赵永伟．建立统一公法学的时代意义：兼答"统一公法学"可能遭遇的质疑．现代法学，2005（5）：3.
② 袁曙宏．论建立统一的公法学．中国法学，2003（5）：25.
③ 刘文华．中国经济法的基本理论纲要．江西财经大学学报，2001（2）：56.
④ ［美］约翰·亨利·梅利曼．大陆法系：第二版．顾培东，禄正平，译．北京：法律出版社，2004：98.

如，行政契约中的混合合同夹杂着行政关系与民事关系，对于行政关系产生的争议，应当适用行政法，必须符合依法行政的要求，排除意思自治。否则，如若在行政关系上允许意思自治，无异于行政机关可以自我授权，通过私下协议改变法律规定，不履行法定义务。又比如，"民事权利具有可以自由处分的性质，而行政权力则不能自由处分，因为行政权力是行政职权与行政职责的统一体，作为职权可以行使，但作为职责则必须履行，必须履行则意味着行政机关不能随意处分自己的职权，否则就是放弃职责"①。

3. 行政法很难学吗

（1）难在哪里？

不少行政法老师在交流教学经验时，喜欢引用夏皮罗（Sidney A. Shapiro）的《法科学生不喜欢行政法的十大理由以及可以（或应当）采取的对策》，来评价行政法教学的现状与体悟。在文中，夏皮罗引用了其他同行的话，理查兹（Edward Richards）说："在我和其他教授去过的一些地方，行政法一直被评为最无聊的课程，也是学生在课程都讲完了，却还懵然无知的一门课。"（At some places I and other professors have been, Administrative Law is consistently rated the most boring class and the one the student is most clueless about at the end of the course.）奥伦（Craig Oren）回应道："我同意，对于教授和学生来说，行政法课程往往是一个绝望的泥沼。"（I agree that the Administrative Law course is often a slough of despond for

---

① 张树义. 如何学好行政法与行政诉讼法：司法考试经验谈. 中国司法，2004 (8).

professors and students alike.)① 这与我国学生和老师的感受大致相同。② 我国学者也感叹，行政法几乎是"一门公认的最难教的课程"，"行政法课程内容之繁杂、概念之抽象、授课之无趣往往令学生望而生畏"③。

"除了少数几个高校外，绝大部分高校仅仅安排一个学期来讲授行政法学，于是庞杂的教学内容与有限的教学时间之间就面临着紧张关系。"在清华大学法学院，按照本科生培养计划，一般是大一下学期开设"行政法学"，3个学时。"教学内容与教学时间不成正比的结果就是，行政法学课程的老师无法将行政法的完整体系进行讲授，而只能选择性地挑选重点或自己感兴趣的内容。"④ 我也多次给本科生上课，也深感课时不够。但是，这似乎也没有很好的解决办法。

---

① Sidney A. Shapiro. The Top Ten Reasons That Law Students Dislike Administrative Law and What Can（Or Should）Be Done about Them. *Brandeis Law Journal*，2000，38（2）：351.

② 高秦伟将夏皮罗归纳的十大原因译成："第一，行政法内容广泛，老师们不可能讲授所有的内容，所以结果是学生们对这门学科只有一个不完整的印象。第二，行政法包括大量的制定法，学生不愿意去阅读。第三，行政法学不是律师资格考试的内容。第四，研究视角太多。第五，在学习行政法学之前，学生均学习过民事诉讼法学，他们认为内容基本一致，当然这与行政法学很少讲授行政过程，未向他们展示在考虑各种行政法问题时所涉及的实体或程序价值有关。但如果这样，这又将是难以实现的。第六，学生不太了解行政机关的运作实践。第七，行政法学中充满了不确定性，审查标准的不确定性、裁量基准的不确定性，导致学生感到沮丧。第八，行政法学的现实性与复杂性，也使学生感到学习相当吃力。第九，对行政法学相关学科，如政治学、行政学的学习，会使学生感到这门学科不具有法律性。第十，行政法学的教学本身就存在争议，如是以程序问题为主抑或程序、实体问题并重。"高秦伟.行政法学教学的现状与课题.行政法学研究，2008（4）：25.

③ 章志远.法科生行政法案例教学模式之研究.河南财经政法大学学报，2013（3）：46.

④ 林华.论行政法教学的困境与革新.云南大学学报（法学版），2016（5）：79.

不少法科学生感到行政法不好学，一是和自己的日常生活疏远，没有多少感性认识，对行政机关组织体系一头雾水，"对行政主体的具体形态及相关职权"，比如，对于派出机关和派出机构的区别、国家部委和部委管理的国家局的差别，"很难把握"，"对于行政活动更是不甚了了"。即便老师举例，也搞不清所指的行政机关、派出机构、事业单位，还有法律、法规、规章授权组织究竟是何方神仙，以及事例中所涉各方的彼此上下左右关系。"由于实践的缺乏"，"不熟悉行政机构的运作"，"加大了学习难度"①。二是行政法理论有些断锦孤云，比较散乱，不成体系，不像民法、刑法那么严整，没有固定的分析格式，无规可循，不能依葫芦画瓢，不好理解、记忆。三是"行政活动有着不同于民事活动的运行逻辑，基于生活的经验，我们可能形成了民事活动的思维定式，但以之思考行政活动并判断相关问题，则由于行政活动特有的逻辑，旨趣相异"②。四是"行政法涉及相关学科知识较多"，学生在学习行政法时，还没有系统学习法学的其他部门法，比如民事诉讼法、刑事诉讼法，行政法教科书上涉及的很多概念、术语还没有学到，行政法老师因为学时有限也不加解释，而是将此任务留给其他学科完成。因为课程安排有先后，有"时差"，所以学生在听行政法的课时，基础不牢，有时如云里雾里，不知所云。

法科学生不熟悉行政机关的组织体系、行政活动，这确实是个问题。在以往的行政法教科书上，一般都会介绍行政机关、公务员、编制等。但是，自从引进行政主体概念之后，考虑到这些

---

① 张敏. 行政法的独特性与行政法教学改革的应对措施. 中州大学学报，2012 (5)：96.

② 张树义. 如何学好行政法与行政诉讼法：司法考试经验谈. 中国司法，2004 (8)：69.

内容与行政管理学（行政学）的内容高度重合，对行政法没有知识增量贡献，这些内容便被纷纷摒弃了。当然，这也不是不可以解决。学生可以多浏览政府官网，比如家乡的政府官网，或者学校所在地的政府官网，"政务公开"栏目中都会介绍政府的机构职能、权责清单。本书"行政主体"部分也会详细介绍有关知识，学生可以对照参看。

法科学生在学习行政法中会遇到一些生僻或陌生的法律概念、术语，比如管辖、证据三性（合法性、客观性、关联性）、合意等。行政法教师一般会有意略过不讲，而是留给有关课程的老师讲述，这些概念、术语肯定不是行政法特有的，学生完全可以通过网络查询，或者课后到图书馆查阅有关法学教材，自学一下，有一个印象就可以了。本科生的课程安排总有先后次序，估计在一、二年级开设的课程都会遇到类似问题，解决方法也不外如是。

有关行政法的体系结构，如何有效记忆行政法知识，我在后面会专门论述。

（2）行政法就在身边。

我们的学生基本上是从校门到校门，几乎没有与政府打过交道，对行政权运作也没有多少感性认识。这让我不禁想到英国著名历史学家泰勒的一句话，英国行政法鼻祖韦德教授在其教科书的开篇也引用了这句话："直到1914年8月，一个明智守法的英国人可以度过一生，却几乎察觉不到政府的存在，除了邮局和警察。"其实，韦德对此是不以为然的。韦德就说："从摇篮到坟墓，公民无时无刻不在受到国家的关爱。"[1] 耶鲁大学的马肖（Jerry L. Mashaw）教授也指出过："我们拥有一个从摇篮到坟墓都受到

---

[1] A. J. P. Taylor. *English History：1914 - 1945*，转引自 H. W. R. Wade, C. F. Forsyth. *Administrative Law*. Oxford：Oxford University Press，2004：3 - 4。

管理的行政国家、福利国家，这种说法不但是腐朽的老生常谈，而且已经不再胜任描述现实。行政官员作出的决定影响着从摇篮之前到进入坟墓之后的我们。"① 很多中国学者还进一步引申发挥道，不仅在出生前国家要实行计划生育，就是死亡后的殡葬也在行政管理之列。

行政法就在我们身边，只是不少学生没有留心。我当年负笈北上，到中国人民大学法律系攻读硕士学位，还得到当地派出所办理户口迁移手续。现在的学生出国交换、留学、参加国际会议，也要到出入境管理部门办理有关手续。更不用说，茶余饭后，笑谈人生，学生的家长、亲戚朋友也多少会与他们聊到土地征收补偿、在宅基地上翻建住宅、买卖商品房登记、办理营业执照、纳税、交通违法等等。

更不必说，行政法的疆域也在不断扩大，从国家行政扩及社会行政。国家行政是我们非常熟悉的，就是以行政机关、行政权为核心的行政活动。社会行政其实也不陌生，就是独立于国家、市场之外的社会发展，形成了从事公共治理、行使公共权力的第三部门，比如村民委员会、居民委员会等基层自治组织，以及各色各样的行业协会。公法原理与要求也随之延伸到这些领域。

学生能够找到感觉和共鸣的，恐怕莫过于发生在身边的事。很多学生毕业之后，都梦想成为公务员。考公竞争的激烈程度，好似千军万马过独木桥。"单以 2021 年与 2020 年报名考公的人数相比，近一年的时间考公的人数就上涨足有 4.6%，而在录取人数上并没有太大的增长，甚至缩减了部分地区的招考岗位。"

① ［美］杰瑞·L. 马肖. 行政国的正当程序. 沈岿，译. 北京：高等教育出版社，2005：13.

"2021年报名参加国考的人约15.7万人次，全国平均报录比为61比1，而竞争最为激烈的岗位报录比高达575比1。"①

考了也不一定过，考上了还不见得录用。"张某著诉芜湖市人事局公务员招考行政录用决定纠纷案"②，是公务员招考中首例因"乙肝歧视"引发的诉讼案，"这场官司唤起了社会对这个群体正当权利的重视"。此案判决后，全国多个省份修改了招考公务员禁止录用乙肝病毒携带者的有关规定，国家人事主管部门进一步统一了国家公务员体检录用标准。后来，国家有关部门还进一步规定，在公民入学、就业体检中都不得要求进行乙肝项目检测。③

在该案中，张某著参加了芜湖市公务员考试，名列前茅，但在体检时被发现感染乙肝病毒，芜湖市人事局便以其体检结论不

---

① 公务员考试竞争激烈，"陪跑团"道出其中心酸，千军万马过独木桥．（2021-06-14）[2022-04-28]．https://baijiahao.baidu.com/s?id=17022636892456643647&wfr=spider&for=pc.

② 2003年6月，张某著在芜湖市人事局报名参加安徽省公务员考试，报考职位为芜湖县委办公室经济管理专业。经过笔试和面试，其综合成绩在报考该职位的30名考生中名列第一，按规定进入体检程序。2003年9月17日，张某著在芜湖市人事局指定的铜陵市人民医院的体检报告显示其乙肝两对半中的HBsAg、HBeAb、HBcAb均为阳性，主检医生依据《安徽省国家公务员录用体检实施细则（试行）》确定其体检不合格。张某著随后向芜湖市人事局提出复检要求，并递交书面报告。同年9月25日，芜湖市人事局经请示安徽省人事厅同意，组织包括张某著在内的11名考生前往解放军第八六医院进行复检。复检结果显示，张某著的乙肝两对半中HBsAg、抗-HBc（流）为阳性，抗-HBs、HbeAg、抗-Hbe均为阴性，体检结论为不合格。依照体检结果，芜湖市人事局依据成绩高低顺序，改由该职位的第二名考生进入体检程序，并以口头方式向张某著宣布，张某著由于体检结论不合格而不予录取。2003年10月18日，张某著在接到不予录取的通知后，表示不服，向安徽省人事厅递交行政复议申请书。2003年10月28日，安徽省人事厅作出皖人复字（2003）1号不予受理决定书。2003年11月10日，张某著以芜湖市人事局的行为剥夺其担任国家公务员的资格，侵犯其合法权利为由，提起行政诉讼。参见安徽省芜湖市新芜区人民法院（2003）新行初字第11号行政判决书。

③ https://baijiahao.baidu.com/s?id=16414747776202074533&wfr=spider&for=pc，2022年4月27日最后访问。

合格为由，决定不予录取。张某著申请行政复议，安徽省人事厅不予受理。张某著不服，提起诉讼，一审法院判决"确认被告芜湖市人事局在 2003 年安徽省国家公务员招录过程中作出取消原告张某著进入考核程序资格的具体行政行为主要证据不足"。二审法院维持原判。

但遗憾的是，该案裁判文书没有反映出该案在行政诉讼理论上引发的激烈争论，也就是，芜湖市人事局不予录用的行为是否可诉。《行政诉讼法》（1989 年）第 11 条第 1 款第 8 项规定的可以受理的兜底条款限定为"行政机关侵犯其他人身权、财产权"。"不予录用行为所侵犯的不是具体的人身权或者财产权，说其不属于行政诉讼受案范围也不是完全没有道理。"但是，法院还是力排众议，受理了该案。"本案的受理的确也标志着行政诉讼受案范围得以扩大。"① 可以说，这也体现了法院积极进取、勇于开拓的精神。

在不予录用的实体依据上，法院显然接受了原告的意见。原告认为："其复检化验单为'一、五阳'，该种情形不符合体检标准中乙肝两对半检查不合格的规定，且依据《传染病防治法》的规定，乙肝病毒携带者所禁止从事的职业与原告报考的职位无关，医院作出的原告体检不合格的结论是不合法的。"法院认为，"因解放军第八六医院的体检不合格结论违反《安徽省国家公务员录用体检实施细则（试行）》规定，芜湖市人事局作为招录国家公务员的主管行政机关，仅依据解放军第八六医院的体检结论，认定原告张某著体格检查不合格，作出不准予原告张某著进入考核程

---

① 杨建顺：完善标准和证据制度，以正当程序确保权利救济实效性．中国法律评论，2019（2）：58．

序的具体行政行为缺乏事实证据"，本来"应予撤销"，"但鉴于2003年安徽省国家公务员招考工作已结束，且张某著报考的职位已由该专业考试成绩第二名的考生进入该职位，故该被诉具体行政行为不具有可撤销内容"，因此，判决"确认被告芜湖市人事局在2003年安徽省国家公务员招录过程中作出取消原告张某著进入考核程序资格的具体行政行为主要证据不足"。也就是说，张某著胜了官司，却无法如愿成为公务员。那么，行政诉讼究竟应当怎么对权利进行救济，才能口惠实也至呢？这留给我们很多思考空间。

学生每日吃住在校园，穿梭于宿舍、食堂、教室、图书馆和运动场，还可以就近观察教育行政、校园自治，不难发现，能够引发行政法思考的问题比比皆是。比如，2011年底，北京大学保卫部发布公告：为维护校园安全，禁止快递员骑电动自行车入校。① 这是否合法？又比如，很多高校都明确规定："为维护校园安全，严禁师生在宿舍、实验室、办公室以及楼道等室内场所停放电动车和为电动车充电。"② 高校是否有权如此规定？应当履行哪些程序？

荀子说："不登高山，不知天之高也；不临深溪，不知地之厚也。"（《荀子·劝学》）陆游也说："纸上得来终觉浅，绝知此事要躬行。"（《冬夜读书示子聿》）对于从课堂、书本上学到的理论，学生可以尽量找到身边的事例加以分析运用，也可以多参加社会实践调研，拉近理论与实践的距离，增加感性认识，读书也就有

---

① 11月1日起北大禁校外无证电动车 保安1小时拦15辆．（2016-11-01）[2022-04-19]. http://beijing.qianlong.com/2016/1101/1067201.shtml.

② 关于严禁电动车在室内停放、充电和组织开展蓄电池安全专项清查工作的通知．（2021-09-17）[2022-04-20]. http://pe.upc.edu.cn/2021/0917/c13945a345695/page.htm.

了带入感。这恐怕不失为一个可行的学习方法。

（3）多看法规范，多读判案。

无论本科生还是研究生，普遍存在的问题是，不怎么看有关法规范，也不怎么浏览法院裁判，而是喜欢就理论谈理论。但是，正如萧乾说的，"理论，理论，充其量也只不过是张地图，它代替不了旅行"[①]。其实，从理论到理论，天马行空，从某种意义上讲，是讳疾忌医，掩饰自己对法规范了解不足，规范分析能力不够，不敢面对实践问题，不愿与实践对话。只有在鲜活的案例分析中，才能检验理论、体悟理论。毛泽东主席指出："真正的理论在世界上只有一种，就是从客观实际抽出来又在客观实际中得到了证明的理论，没有任何别的东西可以称得起我们所讲的理论。"[②]

行政法迄今没有统一法典，当下学者也在致力于制定"行政基本法典"。我们常见常用的是《行政处罚法》（2021年）、《行政许可法》（2019年）、《行政强制法》（2011年），被称为"行政三法"，以及"救济三法"，包括《行政复议法》（2023年）、《行政诉讼法》（2017年）、《国家赔偿法》（2012年），还有就是《政府信息公开条例》（2019年），被称为"一公开"。

在行政法案例分析中，不像民事案例、刑事案例那样，主要查阅民法典、刑法的有关规定，再结合有关司法解释，基本上足以应付。在分析行政法案例时，除了上述"行政三法""救济三法""一公开"之外，还必须查找、梳理与案涉行政事项有关的法规范，包括法律、法规、规章以及规范性文件、司法解释，特别是与案件有关的实体法多在单行法律、法规、规章之中。比如，

---

① 萧乾. 未带地图的旅人. 北京：中国文联出版社公司，1998：56.
② 毛泽东. 毛泽东选集：第3卷. 2版. 北京：人民出版社，1991：817.

有关治安违法行为及其处罚的规定，除了查看《行政处罚法》（2021 年），还应当查看《治安管理处罚法》（2012 年）；有关道路交通违法行为及其处罚的规定，要查看《道路交通安全法》（2021年）以及相关实施条例、公安部规章，还有与案涉条款有关的行政解释、裁量基准，等等。梳理出有关法规范之后，再结合案情，将有关事实涵摄到有关规范之中进行分析，才能作出判断、得出结论。正因如此复杂，在本科生期末考试中，考查案例分析题时，因为学生不能现场检索法律，老师一般都得将案例涉及的有关法规范列于题后，否则，学生根本无法下手、无从说起。

学生"遇到实际案例时，找不到具体的法律规范，即使是有法可依，也要翻遍诸多的单行法"，这让学生"渐渐丧失了学习信心"①。其实，检索查找法律，推而广之，娴熟运用文献检索方法，是学生必须掌握的一项技能。建议学生选修或者自学文献检索课程。未来从事法律职业之后，做法官助理也好，做律师助理也罢，最初的工作恐怕都与此有关。

多研读案例，能够培养学习行政法的兴趣，更为重要的是，能够理论联系实际。平时课堂上，老师枚举的案例，是为了更清晰地阐述正在讲解的行政法理论，量体裁衣，是变造或拟制出来的，以便与理论形成完美的对应关系，让学生一目了然，不生歧义。这是案例分析的乌托邦，而社会生活更为复杂。翻阅法院的实际判案，不难发现，一个案件中往往交织着多个法律问题，每个裁判都涉及多个行政法理论，或者说，需要综合运用行政法理论。学生平时很少接触法院，如果再不关注实际判案，疏于研习，

---

① 张敏．行政法的独特性与行政法教学改革的应对措施．中州大学学报，2012（5）：95.

待到步入社会后，旋即就会发觉在课堂上学到的知识，好似纸上谈兵，无法应付错综复杂的实践问题，进而会抱怨在学校"没有学到东西"。为拉近理论与实践的距离，一定要多读判案，不断揣摩。我也会在下文中有意多引介一些法院判案，尤其是最高人民法院公报案件和指导案件。

比如，轰动一时的"田某诉北京科技大学拒绝颁发毕业证、学位证行政诉讼案"[①]，开启了法院对高校学位管理以及正当程序的关注。仅此一案，学生就可以温习并加深理解行政法上不少理论，比如法律、法规、规则授权组织，比例原则，正当程序，下位法不得抵触上位法，等等。

该案案情大致是：田某考试作弊，北京科技大学做出退学处分，却没有告知田某，也没有听取其辩解。过后，田某仍然就读，

---

① 1994年9月，田某考入北京科技大学下属的应用科学学院物理化学系，取得本科生学籍。1996年2月29日，田某在参加电磁学课程补考过程中，随身携带写有电磁学公式的纸条，中途去厕所时，纸条掉出，被监考教师发现。监考教师虽未发现田某有偷看纸条的行为，但还是按照考场纪律，当即停止了田某的考试。北京科技大学于同年3月5日按照"068号通知"第3条第5项关于"夹带者，包括写在手上等作弊行为者"的规定，认定田某的行为是考试作弊，根据该通知第1条"凡考试作弊者，一律按退学处理"的规定，决定对田某按退学处理，4月10日填发了学籍变动通知。但是，北京科技大学没有直接向田某宣布处分决定和送达变更学籍通知，也未给田某办理退学手续。田某继续在该校以在校大学生的身份参加正常学习及学校组织的活动。1996年3月，田某的学生证丢失，未进行1995—1996学年第二学期的注册。同年9月，北京科技大学为田某补办了学生证。其后，北京科技大学每学年均收取田某交纳的教育费，并为田某进行注册，发放大学生补助津贴，还安排田某参加了大学生毕业实习设计，并由论文指导教师领取了学校发放的毕业设计结业费。田某还以该校大学生的名义参加考试，先后取得了大学英语四级、计算机应用水平测试BASIC语言成绩合格证书。田某在该校学习的4年中，成绩全部合格，通过了毕业实习、设计及论文答辩，获得优秀毕业论文及毕业总成绩全班第九名。1998年6月，北京科技大学的有关部门以田某不具有学籍为由，拒绝为其颁发毕业证，进而也未向教育行政部门呈报毕业派遣资格表。参见最高人民法院公报，1999（4）。

还参加了北京科技大学安排的考核、实习、毕业设计，论文答辩也获得通过。但是，北京科技大学拒绝颁发毕业证。田某诉至法院，一审、二审法院均判决北京科技大学败诉。

该案遇到的第一个问题就是：田某能不能就拒发毕业证而起诉北京科技大学？关键是北京科技大学是不是适格的行政诉讼被告。北京科技大学肯定不是行政机关，而是从事高等教育事业的法人。但是，《教育法》（1995 年）第 21 条规定："国家实行学业证书制度。经国家批准设立或者认可的学校及其他教育机构按照国家有关规定，颁发学历证书或者其他学业证书。"第 22 条规定："国家实行学位制度。学位授予单位依法对达到一定学术水平或者专业技术水平的人员授予相应的学位，颁发学位证书。"《学位条例》（1980 年）第 8 条第 1 款规定："学士学位，由国务院授权的高等学校授予……"北京科技大学在授予学位上的权限直接来自上述法律、法规，它就属于法律、法规、规章授权组织。正如法官指出的，北京科技大学在行使上述权力时，与学生之间"不存在平等的民事关系，而是特殊的行政管理关系。他们之间因管理行为而发生的争议，不是民事诉讼，而是行政诉讼"，"可以适用行政诉讼法予以解决"。

那么，北京科技大学作出退学处分、拒绝颁发毕业证是否合法？法官认为，"田某在补考时虽然携带写有与考试有关内容的纸条，但是没有证据证明其偷看过纸条，其行为尚未达到考试作弊的程度，应属于违反考场纪律"。北京科技大学直接给予退学处分畸重，完全可以给予警告、记过，没有严重的作弊情节，直接给予退学这种最严厉的处分，显然不符合比例原则。也就是在实现教育管理目的的前提下，选择处分手段应当贯彻"最小损害原则"。

法官还主动审查了北京科技大学的"068 号通知"的合法性，因为学校制定的这个规范性文件是作出退学处分的直接依据。法官认为，该文件"不仅扩大了认定'考试作弊'的范围，而且对'考试作弊'的处理方法明显重于《普通高等学校学生管理规定》第十二条的规定，也与第二十九条规定的退学条件相抵触，应属无效"①。从中，我们也可以很直观地领悟，学校规范性文件的有关规定因与教育部规章抵触而无效，退学处分也就失去了依据，属于重大且明显违法，因此退学处分决定也无效。

法官还指出，"按退学处理，涉及被处理者的受教育权利，从充分保障当事人权益的原则出发，作出处理决定的单位应当将该处理决定直接向被处理者本人宣布、送达，允许被处理者本人提出申辩意见。北京科技大学没有照此原则办理，忽视当事人的申辩权利"。这实际上是说，退学处分违反了正当程序要求——对当事人作出任何不利益处分，都应该履行告知、说明理由、听取辩解等程序义务。

4. 法律职业资格考试与法学教育

法律职业资格考试，也称"法考"，由司法考试演变而来。不少学生谈及考试经验，无非就是"多背""反复做题"。"现在的中国司法考试，从其内容看，比较注重考查考生对与司法实务密切

---

① 《普通高等学校学生管理规定》（1990 年国家教育委员会发布）第 12 条规定："凡擅自缺考或考试作弊者，该课程成绩以零分计，不准正常补考，如确实有悔改表现的，经教务部门批准，在毕业前可给一次补考机会。考试作弊的，应予以纪律处分。"第 29 条规定的应予退学的十种情形中，没有不遵守考场纪律或者考试作弊应予退学的规定。

相关的法律知识或司法解释的理解力，而从考试的方式看，则比较多地反映出是在考查考生对有关法条和司法解释条款的记忆力。"就是案例分析，也是以某个或某些具体解释或规定为依据进行拟制，编撰而成，目的还是考查考生对现行法律制度的理解与掌握程度。这是因为，"法考"的目的是检测考生是否具备初任法律职业的法律素养、基础知识、专业技能。

更重要的是，国家统一遴选考试必须做到试题答案具有唯一性、客观性，力求避免在批改给分上发生争议。就出题范围看，"行政三法""救济三法""一公开"中，能够出题的规定也有限。所以，"行政法部分历年真题重复率较高"。考生可以多做真题，在理解的基础上多背多记。考试成绩的好坏，主要取决于"考生的记忆能力和对法律一些基本条款以及司法解释的一些基本内容的掌握程度"[1]。在我与学生交谈中，学生也表示很欢迎"法考"辅导班老师能够介绍如何从理论上加深理解，通过一个或若干个理论将散乱的知识点串起来，这对于体系性、结构性记忆很有好处。

法学院教学显然与"法考"目标不同、功能不同。"大学本科法学教育应当实现的基本功能是：培养一部分具有较强的一般法律素养的法律通才，为将来拟从事法律职业者和拟从事法学研究或教学者打下法律基础。""学校在向学生传授专业法律知识的同时，应当着重培养学生的批评与探索精神，并将其发展为创造性的思考能力，根据事实具体解决法律问题所必需的法律分析能力和辩论能力；培养的学生应当具备理解先端法领域的基本知识的

---

① 潘剑锋.论司法考试与大学本科法学教育的关系.法学评论，2003（2）：149-150.

能力，应当具有对社会各种问题的洞察力，并具有法律职业者的责任感和伦理观。"①

　　根据我自己的教学经验，我注重让本科生掌握行政法的基础知识。但要求知，更要悟道，要尽量体悟各个知识点之间的相互关系或内在联系。具体方法就是以行政法支架性结构为线索，顺藤摸瓜，形成一串串的知识链，并加深对它们内在理论关联性的理解，构建起自己的行政法知识结构图。对于研究生，我注意引导他们尽量"悟学问"，将他们真正领进学术之门。老子说："为学日益，为道日损。"（《道德经·第四十八章》）碎片性知识通过读书、网络查询，很快可以获知。这对研究生不是难事。学习更关键的是悟道。通过不断感悟行政法知识体系，通晓其中的结构、关系、功能、意义，提高发现问题、分析问题和解决问题的能力。翻开教科书，不时能发现其中不妥帖处，并就理论之间的不契合展开分析，谈出见解，才算开始渐入"昨夜西风凋碧树，独上高楼，望尽天涯路"的学问境界。

---

①　潘剑锋.论司法考试与大学本科法学教育的关系.法学评论，2003（2）：151.

二、有效记忆行政法知识

　　不少法学本科生抱怨，行政法的知识零散、琐碎，缺少体系，不像民法、刑法，不容易记住。其实，行政法知识看似一地鸡毛，实则理论体系清晰、紧凑，齐齐整整，有着内在规律。孟子说："观水有术，必观其澜。"（《孟子·尽心上》）洞悉的秘诀就是，在行政法基本体系之下，在行政法与行政诉讼之间，潜藏着一个彼此呼应、粗略对称的支架性结构，它不仅有助于理解记忆，还可以触类旁通、举一反三。

1. 行政法体系结构

　　稍微有点行政法常识的人都知道，行政法致力于控制行政权，也称"控权法"。坊间可寻的行政法教科书，无论怎么编排体例，都是围绕行政权展开布局的。行政权、立法权、司法权之间是有一定界限的，但是，行政权与立法权、司法权之间的界限又不是绝对清晰的。于是，行政权与立法权交集之处，形成了行政立法，包括行政法规、行政规章，行政规章又分为部门规章和地方政府规章。行政权与司法权之间的交织成就了行政司法，包括行政调解、行政仲裁、行政裁决和行政复议。①

---

　　① 余凌云. 取消"双被告"之后法院对行政复议决定的评判. 法学，2021（5）：64-66.

进入 20 世纪后，"越来越多的行政机关开始制定规章、裁决争议，行使了部分立法、司法权，以处理社会、经济纠纷为主要职责的英国裁判所、美国独立管制机构的迅速兴起即是明证"[①]。在行政权及其延伸之处，行政立法、行政执法、行政司法就形成了一个连续性结构，都是行政法关注的范围。但是，随着学术进化，人们摒弃了行政司法概念，改用行政救济。

因此，除在行政法概论中介绍行政法定义、特点、基本原则等之外，行政法教科书一般按照行政权的时空发展次序编排内容，依次是行政立法、行政行为、监督行政、行政救济。具体而言：（1）行政立法就是行政机关行使有限的立法职能，包括制定行政法规、规章。制定规范性文件不是行政立法，但一定会被附带重点论述。因为规范性文件是抽象命令、行政规则，对行政机关具有拘束力。（2）行政行为有一个跨度，前有行政主体，后有行政程序（包括信息公开）。行政行为本身由行政行为一般理论、类型化行政行为组成。（3）监督行政是对行政权的监督，分为行政内部监督和行政外部监督，前者如审计、执法考评、行政问责，后者是来自人大、政协、监察委员会、社会舆论等的监督。林林总总，一般只描述概况，不宜，也不会逐个详细介绍。（4）行政救济主要包括行政复议、行政诉讼、行政赔偿和补偿。

同样以行政权为主线，还有一种更简约，也更传统的体系，除概论之外，大致可以分为组织、行为、监督三个板块：（1）行政权的行使主体（包括行政组织、行政主体、公务员等），相应的规范构成行政组织法；（2）行政权的运行（包括各类行政行

---

① 马怀德. 行政裁决辨析. 法学研究，1990（6）：15.

为及其程序），适用行政行为法规范；（3）对行政权的监督和救济，适用行政监督救济法规范。① 这些板块构成了行政法基本结构。

对于上述丰富多彩的内容，在一本教科书中如何取舍、设计编排、重点引介，因学者关注不同、学术观点差异而有所不同，所以，每一本行政法教科书的体例也不完全一样。比如，在采用组织、行为与监督三编体例设计的教科书中，行政行为一定是极其广义的，相当于学者所称的行政作用、行政活动，包含行政立法。此处的行政行为和行政诉讼法规定的行政行为不一样。要是教科书是在行政行为之前介绍行政立法，那么就很可能是采用了行政诉讼法规定的行政行为。

2. 行政法的支架性结构

不少善于学习的法科学生在学习过程中会制作图表、提纲，梳理、总结、归纳各种知识点。有的是从老师的教学内容或者教科书中提炼要点，有的是比较相近或相异的知识点，比如，行政强制措施与行政强制执行之间、执行罚与行政处罚之间的异同。这肯定是有效学习的路径与方法。但是，记诵起来，会不会感到零七碎八、不得要领，只好死记硬背、囫囵吞枣？

其实，不论教科书采用何种体例组合，其一般都通过一条主

---

① 湛中乐. 首次行政法学体系与基本内容研讨会综述. 中国法学，1991（5）；杨伟东. 基本行政法典的确立、定位与架构. 法学研究，2021（6）；马怀德. 十三届全国人大常委会专题讲座第十七讲 我国的行政法律制度. ［2021 - 12 - 19］. http://www. npc. gov. cn/npc/c30834/202006/2377d96e89964d9aa23caf1012803920. shtml?from=singlemessage.

线，将散落一地的知识串成一个内在精致有序的知识体系。这就是以行政行为为核心的传统支架性结构，在行政法与行政诉讼法之间，将有内在关联的知识连接起来，形成一一对应关系。[①] 见首知尾，观往知来。记住前面的，就顺带理解了后面的。省时省力，事半功倍。

在行政法学体系之中，行政行为（Verwaltungsakt, administrative act）是像"阿基米德支点"一样的核心性概念，行政诉讼就是围绕着这个基本概念构筑起来的，专门用来审查行政行为的合法性，实现司法对行政的控制，目的还是督促行政机关依法行政。尽管行政法理论处于快速发展之中，但是，这种以司法控制行政为视角的行政法构造依然是行政法的四梁八柱。

所以，行政诉讼虽说是三大诉讼之一，与民事诉讼、刑事诉讼并肩而行，但是，它们之间相去甚远。对于行政诉讼的独特之处，很难通过类比民事诉讼、刑事诉讼来获得理解，必须从行政行为的内涵、特征、效力中找寻。比如，行政行为具有公定力，行政机关的单方意思表示就能够发生法律效力，这就决定了在行政诉讼上原告是恒定的，只能是相对人。因为行政机关根本不需要求助法院，法律已经赋予了行政行为公定力。行政行为公定力与行政诉讼原告恒定之间表现出一种非常工整的对应关系。

从宽泛的意义上讲，行政法的理论发展源自判例法（case law），行政法理论是以行政诉讼为发展的原点与动力的。行政法学

---

① 余凌云．行政诉讼法是行政发展的一个分水岭吗?：透视行政法的支架性结构．清华法学，2009（1）．

会不断受到法院审判实践的激励、推动与催化作用。① 行政法与行政诉讼之间将相互激荡、彼此互动、共同发展。它们之间也必定隐藏着某种内在的关联。

当我们有意识地将目光流连往返于行政法（狭义）与行政诉讼之间时，不难发现其中存在着千丝万缕的内在联系，存在着结构上较为密集的对称性。这种对应关系绝非一一对应的，更多的是发散型的、粗略的对称，是两个模块之间的大致对称。这种对应关系形成了比较漂亮的"支架性结构"。我们可以粗线条地将其勾勒在表2-1之中。

表 2-1　行政法与行政诉讼之间的对应关系

行政法	行政诉讼
公共行政	行政纠纷类型，行政救济范围
行政法的渊源，行政立法，规范性文件	行政诉讼法律适用，规范性文件附带审查，抽象行政行为不可诉
行政法律关系（行政机关与相对人不对等）	通过不对等的程序权利义务配置实现双方当事人诉讼地位平等

---

① 这种现象似乎具有普遍性，不断地被一些国家的行政法发展史所印证。比如，在典型的具有深厚成文法传统的法国，行政法却源自判例。法国的行政法学是由学者对行政法院判决进行注释、解说、归纳、抽象而成的。在行政法研究的过程中，行政法学与行政法院形成了互动关系：一方面，行政法院的判决成为行政法学研究的主要素材，成为行政法学的研究对象，从而被注释、被评论，甚至被批判、被否定。另一方面，行政法学对行政法院判决的理论评价与分析，对判例规律的总结，对行政法原则的提取，促成了法国行政法实践的良性循环。赵世奎．法国行政法学初探．［2018-12-02］．http://www.chinalawedu.com/news/2005/4/ma99352638541814500210944.html.

同样，在日本，行政法学说与行政判例也形成了相辅相成的关系。行政判例依赖于学说，又对学说的不完备予以补充；学说则从判例中汲取刺激和营养，从而促成日本行政法高度发达以及行政法学体系不断完备。杨建顺．日本行政法通论．北京：中国法制出版社，1998：67.

续表

行政法	行政诉讼
行政法的功能与作用	行政诉讼目的，起诉资格
行政法基本原则	审查标准
依法行政原则	行政诉讼调解原则，合法性审查
行政程序、正当程序	审查标准（违反法定程序），确认违法判决，判决撤销并责令重作
行政自由裁量	实质合法性审查（合理性审查），审查标准（滥用职权、明显不当）
行政调查中的行政证据、证明责任	诉讼证据，被告举证
行政主体	被告
行政相对人	原告
第三部门	法律、法规、规章授权组织，被告，受案范围
行政行为	行政诉讼审查对象，受案范围
行政行为分类（抽象行政行为、不作为）	对规范性文件附带审查，责令履行判决，给付判决
行政行为合法要件	审查标准，维持判决、驳回诉讼请求判决
行政行为公定力	原告恒定，不需要反诉，行政机关负举证责任
行政行为执行力，行政复议期间不停止执行	行政诉讼期间不停止执行原则
无效与可撤销行政行为	撤销判决，变更判决，确认判决
类型化行政行为（行政处罚、行政许可、行政强制等）	受案范围，审查依据
行政处罚简易程序	简易诉讼程序，独任审判制，证据规则

续表

行政法	行政诉讼
行政强制执行	非诉执行
行政协议	对行政协议的审查、判决
行政指导	不属于行政诉讼受案范围
政府信息公开	要求被告提交作出具体行政行为的依据，简易诉讼程序
行政复议	复议前置，双被告
行政赔偿违法归责原则、举证责任	行政诉讼合法性审查、举证责任

因此，我经常建议，本科生在学习中，应当从行政诉讼角度有意识地思考行政法的每一部分理论，以及它们与行政诉讼有着怎样的对应关系；可以在这个支架性结构之上，根据个人的学习需求，进一步丰富有关知识点。这种学习方法，可以使知识点前后连贯，学生在理解之上记诵，能够立竿见影地提高学习效率，并在自己的脑海里逐渐构建起行政法的知识图谱。

三、依法行政原则

依法行政，要而言之，就是要求行政机关严格依照法律规定行使行政权力、履行行政职责。这是由人民代表大会制、人民主权和人权保障原则延伸而来的基本要求。行政机关由人民代表大会产生，对它负责，受它监督，是权力机关的执行机关。行政组织的建立、行政权力的配置、行政活动的开展都是为了更好地保护和实现基本权利和自由。行政必须服从于法。法律由代议制民主形成的人民代表大会制定。遵守法律，执行法律，就是服从人民的意志。"由于法律是代议机关通过民主程序制定的，只要行政机关活动符合法律，立法的政治正当性便可以'传送'到行政权力的行使过程和结果中。"①通过依法行政，实现了人民主权，体现了国家尊重和保障人权。

要求行政机关依法行政，是"由行政权的性质、地位、作用及其活动的特点决定的"。"行政管理范围广泛，且具有主动性的特点，基本上又实行首长负责制……容易导致权力滥用和腐败。"②因此，"监督和规范行政权无疑是建设法治国家和法治政府的重点"。

---

① 王锡锌．依法行政的合法化逻辑及其现实情境．中国法学，2008（5）64.
② 罗豪才．行政法学与依法行政．国家行政学院学报，2000（1）：57.

依法行政的提出，就是为了控制行政权力，体现行政法的控权思想。"依法行政正是通过对行政权取得、行使和违法责任追究的全方位控制，将行政权纳入法治轨道，使行政权服从人民的意志和利益"①。在格言上，依法行政就是"无法律，无行政"。在宣传上，依法行政就是"有法可依，有法必依，执法必严，违法必究"。行政法与民法、公法与私法的根本不同，就是私法上实行"法无禁止皆可为"，公法上却是"法无授权不可为"。

1. 依法行政的基本要求

2004 年 3 月 22 日，国务院印发《全面推进依法行政实施纲要》，对依法行政提出基本要求，实际上是对行政法基本原则的高度凝练，总结《立法法》（2000 年）、《行政处罚法》、（1996 年）、《行政许可法》（2003 年）已经积攒的经验、行之有效的制度，推而广之。依法行政的基本要求包括：

（1）合法行政。"行政机关实施行政管理，应当依照法律、法规、规章的规定进行；没有法律、法规、规章的规定，行政机关不得作出影响公民、法人和其他组织合法权益或者增加公民、法人和其他组织义务的决定。"

上述规定"要求行政机关遵循法律优位、法律保留"。这"是建立法治政府的最根本理念，是依法行政的最低线要求"②。法律优位，就是在依法行政中要坚持法律至上。法律之下的法规、规

---

① 袁曙宏. 法治规律与中国国情创造性结合的蓝本：论《全面推进依法行政实施纲要》的理论精髓. 中国法学，2004（4）：4，6.

② 袁曙宏. 法治规律与中国国情创造性结合的蓝本：论《全面推进依法行政实施纲要》的理论精髓. 中国法学，2004（4）：7.

章、规范性文件都不得与之抵触，所有法律规范都不得与宪法抵触。法律保留，就是将一些重要事项始终把握在法律手上，比如，限制人身自由的强制措施和处罚，只能，也必须由法律规定。依法行政，归根结底，就是要求职权法定，不得超越职权，越权无效。

（2）合理行政。"行政机关实施行政管理，应当遵循公平、公正的原则。要平等对待行政管理相对人，不偏私、不歧视。行使自由裁量权应当符合法律目的，排除不相关因素的干扰；所采取的措施和手段应当必要、适当；行政机关实施行政管理可以采用多种方式实现行政目的的，应当避免采用损害当事人权益的方式。"

这是针对行政自由裁量权的规范行使要求。首先，要贯彻平等对待原则，"同案同判，类案类判"，遵循先例。其次，要符合合理性原则，目的合法，不考虑不相关因素。最后，要符合比例原则，手段对于目的是适当的，具有妥当性，实行"最小损害原则"，满足必要性要求。

（3）程序正当。"行政机关实施行政管理，除涉及国家秘密和依法受到保护的商业秘密、个人隐私的外，应当公开，注意听取公民、法人和其他组织的意见；要严格遵循法定程序，依法保障行政管理相对人、利害关系人的知情权、参与权和救济权。行政机关工作人员履行职责，与行政管理相对人存在利害关系时，应当回避。"

"没有程序正当，就不可能有'看得见的正义'"[1]。程序正当包括：第一，行政公开，听取相对人意见。第二，保障知情权、

---

① 袁曙宏. 法治规律与中国国情创造性结合的蓝本：论《全面推进依法行政实施纲要》的理论精髓. 中国法学，2004（4）：8.

参与权和救济权。第三，实行回避，"自己不做自己案件的法官"。

（4）高效便民。"行政机关实施行政管理，应当遵守法定时限，积极履行法定职责，提高办事效率，提供优质服务，方便公民、法人和其他组织。"

"高效""便民"，是"中国式政治话语"，要求权为民用，情为民系，利为民谋，其"应当而且必然是中国语境下依法行政的核心理念"①。

（5）诚实守信。"行政机关公布的信息应当全面、准确、真实。非因法定事由并经法定程序，行政机关不得撤销、变更已经生效的行政决定；因国家利益、公共利益或者其他法定事由需要撤回或者变更行政决定的，应当依照法定权限和程序进行，并对行政管理相对人因此而受到的财产损失依法予以补偿。"

民法上的诚实信用原则被援用到行政法上，与取自德国法，并被误读的政府信赖保护原则相交融②，形成了两个基本内涵：一是以诚为本，政府信息应当全面、准确、真实。二是不得随意撤销、改变已生效的行政决定，将《行政许可法》（2003 年）第 8 条规定推而广之。③

（6）权责统一。"行政机关依法履行经济、社会和文化事务管

---

① 袁曙宏. 法治规律与中国国情创造性结合的蓝本：论《全面推进依法行政实施纲要》的理论精髓. 中国法学，2004（4）：8.

② 余凌云. 诚信政府理论的本土化构建：诚实信用、信赖保护与合法预期的引入和发展. 清华法学，2022（4）：131.

③ 《行政许可法》（2003 年）第 8 条规定："公民、法人或者其他组织依法取得的行政许可受法律保护，行政机关不得擅自改变已经生效的行政许可。行政许可所依据的法律、法规、规章修改或者废止，或者准予行政许可所依据的客观情况发生重大变化的，为了公共利益的需要，行政机关可以依法变更或者撤回已经生效的行政许可。由此给公民、法人或者其他组织造成财产损失的，行政机关应当依法给予补偿。"

理职责，要由法律、法规赋予其相应的执法手段。行政机关违法或者不当行使职权，应当依法承担法律责任，实现权力和责任的统一。依法做到执法有保障、有权必有责、用权受监督、违法受追究、侵权须赔偿。"

"职权与职责统一，是法治的基本要求，是现代责任政府的基本理念。"①"法律授予行政机关的职权，实际上也就是赋予行政机关以义务和责任，行政机关必须尽一切力量去保证完成。""放弃职权，不依法行使职权，就是不履行义务，就是失职，应该追究法律责任。"②执法有保障、有权必有责、用权受监督、违法受追究、侵权须赔偿，这是对行政机关最基本的要求。

2. 与行政法基本原则的关系

上述国务院文件对依法行政的要求，与学术上的行政法基本原则不完全一致。在行政法教科书上，行政法基本原则一般包括依法行政原则、比例原则、正当程序原则、合法预期保护原则（或者诚实信用原则、政府信赖保护原则）。

第一，文件上的依法行政是广义的，包罗万象。学术上的依法行政原则是狭义的，仅指合法行政、合理行政。第二，文件上的依法行政和学术上的行政法基本原则在主要内涵上基本一致。但是，学术上强调行政法基本原则必须是行政法特有的，与其他学科的基本原则应当泾渭分明。比如，高效便民，更像是行政学上的原则。第三，在具体胪列上有一些差别。比如，文件上的

---

① 袁曙宏. 法治规律与中国国情创造性结合的蓝本：论《全面推进依法行政实施纲要》的理论精髓. 中国法学, 2004 (4): 8.

② 应松年. 依法行政论纲. 中国法学, 1997 (1): 32.

"合理行政"包含了学术上的比例原则和合理原则，"权责一致"在学术上可以归入依法行政原则。依法行政的基本要求与行政法基本原则的关系，如表3-1所示。

表3-1 依法行政的基本要求与行政法基本原则的关系

依法行政的基本要求	行政法基本原则	
合法行政	依法行政原则中的合法原则	法律优位、法律保留、职权法定、越权无效、权责一致
合理行政	依法行政原则中的合理原则	不得目的不适当、不考虑相关因素或者考虑不相关因素、结果明显不当或显失公正
	比例原则	妥当性、必要性、法益相称性
程序正当	正当程序原则	无偏见、听取辩解（听证）及其辅助制度（公开、说明理由、告知等）
诚实守信	诚实信用原则、政府信赖保护原则或者合法预期保护原则	恪守信用，践行约定和承诺；不随意撤销行政决定；不随便改变政策、计划等。依法撤销、改变，给相对人造成损失的，应当补偿
高效便民	—	—
权责统一	依法行政原则中的合法原则	—

那么，学术上如何阐述行政法基本原则？分述如下。可以与上述依法行政的基本要求对照阅读。

（1）依法行政原则。

依法行政原则包括合法原则和合理原则，与上述国务院文件上的合法行政、合理行政大致对应，是行政法的四梁八柱，居于北斗之尊。合法原则就是要求形式合法，不越权，越权无效。具体包含了法律优位、法律保留、职权法定、越权无效以及权责一致等要求。合理原则，引自英国的合理性原则。与合理行政一样，合理原则针对行政自由裁量，要求行政机关不得滥用职权，行使行政权力不得追求不适当目的，不得考虑不相关因素或者不考虑相关因素，裁量结果不得明显不当或显失公正。

比如，在"王某萍诉中牟县交通局行政赔偿纠纷案"①中，王某萍是开封市金属回收公司下岗工人，自己开办了一个养猪场。2001年9月27日上午，王某萍借用村民张某明、王某虎、王某田的小四轮拖拉机，装载31头生猪，准备到开封贸易实业公司所设的收猪点销售，路上，遇中牟县交通局的工作人员查车。工作人员以没有交纳养路费为由，决定扣押该车，然后将装生猪的3辆两轮拖斗摘下，驾驶3台小四轮主车扬长而去。卸下的两轮拖斗失去车头支撑后，成45度角倾斜。拖斗内的生猪站立不住，往一侧挤压，因挤压受热当场死亡2头。王某萍通过马某杰的帮助，才将剩下的29头生猪转移到收猪车上。29头生猪运抵开封时，又死亡13头。王某萍提起行政诉讼，要求行政赔偿。

法院认为，执法人员应当知道，"在炎热的天气下，运输途中的生猪不宜受到挤压，更不宜在路上久留。不管这生猪归谁所有，只有及时妥善处置后再行扣车，才能保证不因扣车而使该财产遭受损失。然而，县交通局工作人员不考虑该财产的安全，甚至在王某萍请求将生猪运抵目的地后再扣车时也置之不理，把两轮拖斗卸下后就驾主车离去。县交通局工作人员在执行暂扣车辆决定

---

① 最高人民法院公报，2003（3）.

时的这种行政行为，不符合合理、适当的要求，是滥用职权"。因
此法院判决责令赔偿。

（2）比例原则。

比例原则也是针对行政自由裁量，与上述合理原则功能相近，
只是审查角度和方式不同：合理原则是审查裁量过程是否发生偏
差，结果是否合理；比例原则却是对行政手段和行政目的之间是
否相称进行衡量。这种技术来自德国法。单独引入比例原则，作
为合理原则的补充，意味着对行政裁量的基本要求就是不仅合理，
还要合比例。两者共存并用，足见控制行政自由裁量的重要与
艰巨。

比例原则主要包括：第一，妥当性，即行政手段对于行政目
的而言是妥当的，能够有效实现行政目的。第二，必要性，就是
在多种都可以有效实现行政目的的手段之中，行政机关应当选取
对相对人损害最小的行政手段，不能"杀鸡用牛刀""大炮打麻
雀"，也称"最小损害原则"。第三，法益相称性。在通过行政手
段实现行政目的过程中，都不可避免地会引起双方，甚至多方利
益的冲突，因此要进行利益衡量，确保行政机关获得的利益必须
远大于当事人受到的损害，不能行政机关"捡个芝麻"，却让当事
人"丢了西瓜"。

"哈尔滨市规划局与汇丰实业发展有限公司行政处罚纠纷上诉
案"①是一个经典案例，法院第一次在该案的行政判决中引述了比
例原则。该案的大致案情是：汇丰实业发展有限公司（以下简称
"汇丰公司"）所建的9层商服楼，系经原有两栋楼房改建而成。

---

① 最高人民法院（1999）行终字第20号行政判决书。余凌云．行政法案例分析
和研究方法．2版．北京：清华大学出版社，2019：118-134.

其中，院内一栋楼房原为地下 1 层、地上 2 层，该栋楼房的扩建虽然经过建设用地规划许可批准，但实际扩建面积超出许可标准 2 388 平方米；临中央大街一栋楼房原为地下 1 层、地上 3 层，汇丰公司在提出增建申请，但没有得到答复的情况下，擅自组织施工，拆除原有建筑物予以重建，违法建筑面积 6 164 平方米。最终建成院内楼房高达 9 层、临街楼房从 6 层开始渐至后退到 9 层，并使两建筑物连为一体、面积共计 9 964 平方米的 9 层楼房。这些违法建筑遮挡了中央大街保护建筑新华书店（原外文书店）的景观。

1996 年 8 月 12 日，哈尔滨市规划局对汇丰公司作出行政处罚，针对超出许可范围建设、未经许可建设而建成的两栋违法改建楼房，作出"部分拆除、部分罚款"的处罚决定，但要求拆除的面积显然超出了遮挡面积。汇丰公司对此不服，提起诉讼。

最高人民法院认为：哈尔滨市规划局的行政处罚不符合"最小损害原则"，比例失当。"规划局所作的处罚决定应针对影响的程度，责令汇丰公司采取相应的改正措施，既要保证行政管理目标的实现，又要兼顾保护相对人的权益，应以达到行政执法目的和目标为限，尽可能使相对人的权益遭受最小的侵害。而上诉人所作的处罚决定中，拆除的面积明显大于遮挡的面积，不必要地增加了被上诉人的损失，给被上诉人造成了过度的不利影响。原审判决认定该处罚决定显失公正是正确的。原审判决将上诉人所作的处罚决定予以变更，虽然减少了拆除的面积和变更了罚款数额，但同样达到了不遮挡新华书店顶部和制裁汇丰公司违法建设行为的目的，使汇丰公司所建商服楼符合哈尔滨市总体规划中对中央大街的规划要求，达到了执法的目的，原审所作变更处罚并无不当。"

（3）正当程序原则。

正当程序原则引自英美法的自然正义和正当程序，主要有两个核心：一个是无偏见，"自己不做自己案件的法官"；另一个是听证，听取辩解。为实现这两个核心，衍生出很多辅助制度，包括行政公开、告知、说明理由等等。正当程序是对依法行政中遵守法定程序的诠释。

"于某茹诉北京大学撤销博士学位决定案"[①]，是继"田某诉北京科技大学拒绝颁发毕业证、学位证行政诉讼案""刘某文诉北京大学拒绝颁发毕业证书纠纷案"[②]之后，法院又一次推进正当程序的努力。

于某茹系北京大学历史学系 2008 级博士研究生，于 2013 年 7 月 5 日取得历史学博士学位。2013 年 1 月，于某茹将其撰写的论文《1775 年法国大众新闻业的"投石党运动"》（以下简称《运动》）向《国际新闻界》杂志社投稿。同年 5 月 31 日，于某茹向北京大学提交博士学位论文答辩申请书及研究生科研统计表。于某茹将该论文作为科研成果列入博士学位论文答辩申请书，注明"《国际新闻界》，2013 年待发"。于某茹亦将该论文作为科研论文列入研究生科研统计表，注明"《国际新闻界》于 2013 年 3 月 18 日接收"。

答辩通过之后，同年 7 月 23 日，《国际新闻界》（2013 年第 7 期）刊登《运动》一文。2014 年 8 月 17 日，《国际新闻界》发布《关于于某茹论文抄袭的公告》，认为于某茹在《运动》一文中大

---

① 北京市第一中级人民法院（2017）京 01 行终 277 号行政判决书。
② 北京市海淀区人民法院（1999）海行初字第 104 号行政判决书。

段翻译原作者的论文，直接采用原作者引用的文献作为注释，其行为已构成严重抄袭。

随后，北京大学成立专家调查小组对于某茹涉嫌抄袭一事进行调查。同年 9 月 9 日，于某茹参加了专家调查小组第二次会议，就涉案论文是否存在抄袭情况进行了陈述。其间，外聘专家对涉案论文发表了评审意见，认为《运动》一文"属于严重抄袭"。同年 10 月 8 日，专家调查小组作出调查报告，该报告提到，在专家调查小组第三次会议中，专家调查小组成员认为《运动》一文"基本翻译外国学者的作品，因而可以视为严重抄袭，应给予严肃处理"。同年 11 月 12 日，北京大学学位评定委员会召开第 117 次会议，对于某茹涉嫌抄袭事件进行审议，决定请法律专家对现有管理文件的法律效力进行审查。2015 年 1 月 9 日，北京大学学位评定委员会召开第 118 次会议，全票通过决定，撤销于某茹博士学位。同日，北京大学作出《关于撤销于某茹博士学位的决定》。

于某茹不服，于 2015 年 1 月 20 日向北京大学学生申诉处理委员会提出申诉。同年 3 月 16 日，北京大学学生申诉处理委员会作出《北京大学学生申诉复查决定书》，决定维持。同年 3 月 18 日，于某茹向北京市教育委员会提出申诉。同年 5 月 18 日，北京市教育委员会作出《学生申诉答复意见书》，对于某茹的申诉请求不予支持。

二审法院认为：北京大学没有实质性履行正当程序要求。"正当程序原则保障的是相对人的程序参与权，通过相对人的陈述与申辩，行政机关能够更加全面把握案件事实、准确适用法律，防止偏听偏信，确保程序与结果的公正。而相对人只有在充分了解案件事实、法律规定以及可能面临的不利后果之情形下，才能够有针对性地进行陈述与申辩，发表有价值的意见，从而保证其真正地参与执法程序，而不是流于形式。""本案中，北京大学在作出撤销决定前，仅由调查小组约谈过一次于某茹，约谈的内容也仅涉及《运动》一文是否涉嫌抄袭的问题。至于该问题是否足以导致于某茹的学位被撤销，北京大学并没有进行相应的提示，于某茹在未意识到其学位可能因此被撤销这一风险的情形下，也难以进行充分的陈述与申辩。因此，北京大学在作出撤销决定前由调查小组进行的约谈，不足以认定其已经履行正当程序。"

（4）合法预期保护原则（或者诚实信用原则、政府信赖保护原则）。

在我国，对诚信政府的研究一直交织着三条主线：一是把私法上的诚实信用原则适用于公法；二是主要从我国台湾地区学者的著述中了解、研究与引进德国、日本的信赖保护原则，目前这个术语与理论略占上风；三是援引流行于英国、澳大利亚、新西兰和欧盟的合法预期（legitimate expectation）原则。它们功能、目标相近。从上述理论的引入、解读和发展，以及有关立法、制度建设、行政审判实践的进程看，上述三大理论彼此交织交融，通过博采众长，形成了我国特有的诚信政府理论结构。

墨子云："言不信者，行不果。"（《墨子·修身》）行政机关在坚持依法行政中，必须做到言必行、行必果、果必信，注意保护相对人对行政机关已经形成的信赖和合法预期。第一，行政机关对于行政协议、行政承诺、行政允诺必须"恪守信用"，履约践诺。第二，非因法定事由，并经法定程序，符合正当程序要求，行政机关不得撤销、变更已经生效的行政决定。因国家利益、公共利益或者其他法定事由需要撤回、变更合法的行政决定的，行政机关应当依照法定权限和程序进行，给予相对人正当程序保护，并对相对人因此而受到的财产损失依法予以合理的补偿或者依法采取补救措施。第三，行政政策、行政计划、行政惯例、长期固定实践如需改弦易辙，应当保护相对人的信赖和合法预期。一是在改变之前，行政机关原则上要事先广而告之，征求可能受到影响的利益群体的意见。二是没有充分的公共利益理由，行政机关不得随意改变。三是基于充分的公共利益可以改变时，行政机关也要尽量采取过渡性措施，保护相对人的信赖利益和合法预期，并且应当说明理由，给相对人造成财产损失的，应当依法给予合理补偿或者依法采取补救措施。

"益民公司诉河南省周口市政府等行政行为违法案"① 也是一个经典案例。益民公司经工商注册成立于 1999 年 4 月，但未取得燃气经营资格。2000 年 7 月 7 日，根据周口地区建设局以"周地建城（2000）10 号文"对益民公司作出的《关于对周口市益民燃气有限责任公司为"周口市管道燃气专营单位"的批复》，益民公司成为周口市管道燃气专营单位。益民公司取得该批复后，又先后取得了燃气站"建设用地规划许可证"，周口市（现周口市川汇区）大庆路、八一路等路段的燃气管网铺设"建设工程规划许可证"和"建设工程施工许可证"等批准文件。益民公司已在周口市川汇区建成燃气调压站，并在该区的主要街道和部分小区实际铺设了一些燃气管道。

2002 年 9 月 23 日，周口市规划管理局通知益民公司停止铺设管道的工作。2003 年 4 月 26 日，周口市计委向亿星公司、益民公

---

① 最高人民法院（2004）行终字第 6 号行政判决书。余凌云. 行政法案例分析和研究方法 . 2 版. 北京：清华大学出版社，2019：178 - 207.

司等 13 家企业发出邀标函，着手组织周口市天然气城市管网项目法人招标。6 月 19 日，周口市计委依据评标结果和考察情况向亿星公司下发了中标通知书。6 月 20 日，周口市政府作出周政 (2003) 54 号《关于河南亿星实业集团有限公司独家经营周口市规划区域内城市管网燃气工程的通知》（以下简称"54 号文"）。54 号文送达后，亿星公司办理了天然气管网的有关项目用地手续，购置了输气管道等管网设施，于 2003 年 11 月与中国石油天然气股份有限公司西气东输管道分公司签订了"照付不议"用气协议，并开始管网项目建设。

益民公司认为，周口市计委、周口市政府作出的招标方案、中标通知书和 54 号文违反了法律规定，并侵犯了其依法享有的管道燃气经营权，向河南省高级人民法院提起行政诉讼，后又向最高人民法院提起上诉。

最高人民法院指出：周口市计委的"一女二嫁"行为不诚信。"尽管市计委有权组织城市天然气管网项目招标工作，但在周地建城 (2000) 10 号文已经授予益民公司燃气专营权的情况下，按照正当程序，市计委亦应在依法先行修正、废止或者撤销该文件，并对益民公司基于信赖该批准行为的合法投入给予合理弥补之后，方可作出招标方案。因此，市计委置当时仍然生效的周地建城 (2000) 10 号文于不顾，径行发布招标方案属于违反法定程序，亦损害了益民公司的信赖利益。"

3. 依法行政是行政法的基石

依法行政是全部行政法的水源木本。从行政法的结构看，无论是行政立法、行政执法、行政监督，还是行政救济，都渗透着依法行政的要求，无处不在，无时不有，都必须严格贯彻依法行政的要求。行政立法在法制统一要求下，为依法行政源源不断提供井然有序、统一和谐的"法"。行政执法就是依据法律、法规、规章进行行政管理，依照法定程序，行政决定合法、合理，不得越权、滥用权力。行政救济，无论是行政复议还是行政诉讼，都是监督行政机关是否严格依法行政。

（1）行政立法。

行政权向立法领域的扩张，形成了行政立法。行政机关具有制定法规范的职能，包括国务院可以制定行政法规；国务院各部、委员会，中国人民银行，审计署和具有行政管理职能的直属机构可以制定部门规章；省、自治区、直辖市以及设区的市人民政府可以制定地方政府规章。这些都是行政机关执法必须依据的"法"。

"只有立法正确，才能有执法公正。"①依法行政的"法"，多种多样，不能"法出多门，人无所措"，必须通过法律优位、法律保留，形成统一和谐的体系，实现宪法和法律至上。首先，法律优位就是要求下位法不抵触上位法，所有依法行政的"法"都最终统辖于、服从于宪法和法律。"凡有抵触，都以法律为准。"只要法律作出规定，"法律优先"，"其他法律规范的规定都必须服从法律"②。部门规章、地方政府规章都不得违反行政法规，不得与行政法规相抵触；行政法规、部门规章、地方政府规章都不得违反法律，不得与法律相抵触。这是法制统一的基本要求。其次，法律保留就是指有些重要事项只能由法律规定。行政法规、部门

---

① 袁曙宏．法治规律与中国国情创造性结合的蓝本：论《全面推进依法行政实施纲要》的理论精髓．中国法学，2004（4）：4.

② 应松年．依法行政论纲．中国法学，1997（1）：30.

规章、地方政府规章都不能涉足法律保留的专属事项。比如，《行政处罚法》（2021 年）、《行政许可法》（2019 年）和《行政强制法》（2011 年）关于设定权的规定，就是只能由法律设定的专属事项，法规、规章都不得介入。同样，部门规章、地方政府规章也不得染指专属行政法规、地方性法规设定的事项。依据法律优位、法律保留构建的内在统一的"法"，不仅是行政执法的准绳依据，也是行政复议、行政诉讼法律适用上的衡量尺度。

（2）行政执法。

对行政执法的基本要求就是三句话："法无授权不可为，法无禁止皆可为，法定职责必须为。"第一句、第三句是针对政府的，第二句是说老百姓的，也是政府执法要依循的边际。行政权力行使的基本要求就是合法，必须严格遵守实体法和程序法，规行矩步，不折不扣。因为法律的民主正当性已经在立法过程中通过代议制形式解决了。行政机关只要是依法作出决定、决策，不违背依法行政要求，立法上的民主正当性便会通过法律适用流淌到决定、决策之中。行政执法只要合法，就具有民主正当性，也就能够实现行政服从于法。依法行政所描绘的行政执法要求，与行政行为的合法要件，以及行政诉讼审查标准、判决方式都有着内在关联。

（3）行政监督。

"天下难治，人皆以为民难治也，不知难治者非民也，官也。"（唐甄《潜书·柅政篇》）我国法治政府建设的一个显著特点是内在驱动，重在"治官"。在行政机关内部建立执法责任制，定岗定责，明确执法任务、要求与责任，通过执法考评、错案追究，特别是行政问责，形成内在驱动力，督促执法人员恪尽职守、依法行政。行政问责、错案追究的依据就是依法行政的要求。

(4) 行政救济。

有权必有责，有责要担当，失责必追究。违法和不当行政必须承担法律责任。这是权责一致的基本要求，也是依法行政的基本要求。行政机关作出的决定是否违法、不当，衡量评判的标准就是法律，更准确地说，就是实行法律优位、法律保留之后形成的内在和谐统一的法规范标准体系。行政复议、行政诉讼都以依法行政的"法"为衡量尺度，监督行政机关依法行政，保护相对人的合法权益。无论是行政复议机关对行政行为的合法性、适当性审查，还是法院对行政行为的合法性审查，都适用与行政执法标准一致的"法"，归根结底，都适用基于代议制民主制定的法律，而不适用与法律抵触、不一致的"法"。这不仅使复议决定、法院判决同样可以从代议制民主立法中获得正当性，也能让行政机关、相对人心悦诚服，获得社会公众的普遍认可。"法立于上，则俗成于下。"（苏辙《河南府进士策问三首之一》）由此，行政机关、复议机关和法院也不会对执法标准莫衷一是、无所适从。

四、行政主体

1. 行政主体与行政诉讼被告

行政主体，也称执法主体，与行政相对人是相对的一组概念。行政主体对外能够以自己的名义行使权力，又能以自己的名义承担法律责任。行政相对人，也称行政行为的相对人，是行政权力作用的对象。

行政主体概念的引入，首先，解决了行政诉讼被告的识别问题。行政诉讼上的被告一定是行政主体。法院判决之后，被告必须不折不扣地执行判决，它又应当完全有能力自行纠正违法行政行为，这样才能充分实现原告的诉求。在法律上没有权力改正违法行政行为的，就不是适格的被告。其次，顺带解决了执法资格、法律责任归属的问题，特别是与行政行为无效发生勾连。行政行为的实施主体不具有行政主体资格，且又不存在行政委托的，行政行为无效。①

在 20 世纪 90 年代中后期，行政法教科书纷纷以行政主体替换掉原先的有关行政机关体系、组成、领导关系等行政管理学知

---

① 《行政诉讼法》（2017 年）第 75 条。

识，这本来是一种进步，意味着行政法学走向专业化，突出自身特色，在内容上自觉与行政管理学切割，但是，对法科学生而言，因为不向他们开设行政管理学相关课程，他们便无从系统地获取这方面的知识。这些删除的内容就恰好变成了阻碍他们学习、理解行政法的绊脚石。因此，行政法入门书中还应当适当介绍这方面的知识。

行政诉讼法没有使用行政主体概念。《行政诉讼法》（2017年）第2条规定了行政机关以及法律、法规、规章授权的组织。它们构成了行政主体，也是行政诉讼上的被告。

（1）行政机关。

行政诉讼法上采用的行政机关术语，是指列入了行政体系序列、有权做出行政行为的主体，包括各级人民政府，人民政府的各工作部门（也称职能部门、组成部门），比如公安局、市场监督管理局、城市管理局等，以及其他具有执法权的机构，比如直属机构、直属特设机构、部门管理的机构等。各级人民政府及其工作部门比较清晰，其他具有执法权的机构较为复杂，不易辨识。

一个简单的办法就是浏览政府官网上的"政务公开"栏目，其中的"机构职能"一般会有详细胪列介绍，是否是执法主体，负责执行的法律、法规、规章是什么，行政权限以及法律职责如何，等等，一目了然。其中，注明是内设机构、辅助机构的，一般不是执法主体。比如，在"洛阳兆通物业管理有限公司诉洛阳市房产管理局西工分局物业管理处理决定案"①中，洛阳市西工区物业管理办公室是洛阳市房产管理局西工分局下设的物业管理机

---

① 河南省洛阳市西工区人民法院（2005）西行初字第 50 号行政判决书。

构，是内设机构，对外不具有执法权，却作出《关于三鑫小区业主委员会与兆通物业公司纠纷的处理决定》，并引发诉讼。在诉讼过程中，洛阳市房产管理局西工分局主动撤销了上述决定。

（2）法律、法规、规章授权的组织。

法律、法规、规章授权的组织范围较广，包括居民委员会、村民委员会、律师协会、注册会计师协会、高等院校等。这些组织在授权范围内可以以自己的名义对外行使权力，也可以以自己的名义对外承担法律责任。这些组织虽不在行政机关体系之内，在法律、法规、规章授权范围内，却是实质上的行政机关。它们依授权作出的决定，也是行政行为。

"溆浦县中医院诉溆浦县邮电局不履行开通急救电话职责及行政赔偿案"[①]，"是法律、法规授权组织作为行政诉讼被告的一次重要探索，是《最高人民法院公报》2000 年第 1 期发布的推动中国法治进程的十大行政案例"[②]之一。"长期以来，我国对邮电部门实行政企合一的管理模式。邮电部门既具有邮电行政主管机关的职权，又参与邮电市场经营。经过改革，目前虽然邮政和电信初步分离，一些电信部门逐渐成为企业法人，但是由于电信行业的特殊性，我国电信市场并未全面放开，国有电信企业仍然是有线通讯市场的单一主体，国家对电信方面的行政管理工作，仍然要通过国有电信企业实施。这些国有电信企业沿袭过去的做法行使行政管理职权时，应视为《中华人民共和国行政诉讼法》第二十五条第四款所指的'由法律、法规授权的组织'。"

---

① 湖南省怀化市中级人民法院（1998）怀中行终字第 41 号行政判决书。
② "民告官"不但告得了还能告得赢！湖南高院发布行政审判 30 年十大典型案例．（2020 - 09 - 27）［2022 - 04 - 28］．https://m.thepaper.cn/baijiahao_9371299.

在本案中，湖南省卫生厅、省邮电局（1997）15 号《关于规范全省"120"医疗急救专用电话管理的通知》规定，邮电与卫生行政部门对开通"120"急救电话有确定权。上述 15 号文件规定，医疗机构申请开通"120"急救电话的程序是：经当地卫生行政部门指定并提交书面报告，由地、市卫生行政部门审核批准后，到当地邮电部门办理"120"急救电话开通手续。这显然是申请开通"120"急救电话的行政程序。二审法院认为："邮电局执行这个文件时与被审查的医疗机构之间发生的关系，不是平等的民事关系，而是特殊的行政管理关系。它们之间因此发生争议而引起的诉讼，不是民事诉讼，而是行政诉讼。"上诉人县中医院已经获得怀化市卫生局同意批准，但是，"被上诉人县邮电局在接到上诉人县中医院的申请后拒不开通'120'急救电话，是不履行职责的错误行政行为"。

《村民委员会组织法》（2018 年）第 2 条第 1 款规定，村民委员会是村民自我管理、自我教育、自我服务的基层群众性自治组织，不是行政机关。对于村民委员会作出的涉及农民权益的决定，是否允许提起行政诉讼，关键是要查明其作出决定的权限来源，即"其行为是否属于被授权行使行政管理职责的范畴"，是不是以法律、法规、规章授权组织的资格实施的行为。

比如，在"再审申请人周某英与被申请人遂昌县三仁畲族乡高碧街村村民委员会请求撤销建房审查意见案"①中，村民委员会在农村村民住宅用地审批过程中作出的是否受理申请、出具是否通过意见等行为，是依据《浙江省实施〈中华人民共和国土地管

---

① 浙江省高级人民法院（2019）浙行再 47 号行政裁定书。

理法〉办法》第 36 条第 1 款的规定。① 因此，再审法院认为："村民委员会虽不是行政机关，但其依照《浙江省实施〈中华人民共和国土地管理法〉办法》第三十六条第一款规定在农村村民住宅用地审批过程中作出的是否受理申请、出具是否通过意见等行为，可以认定系依据地方性法规授权履行行政管理职责的行为，故依法可以成为行政诉讼的被告。"

又比如，在"再审申请人张某霞诉被申请人长沙市天心区南托街道牛角塘村村民委员会其他行政行为案"② 中，根据《村民委员会组织法》和《湖南省实施〈中华人民共和国村民委员会组织法〉办法》的规定，包括村集体经济组织成员资格确定等在内的涉及村民利益的事项，依法由村民会议决定后办理。这完全属于村民自治范畴。因此，再审法院认为："本案中牛角塘村民委员会作出《集体经济组织成员身份认定操作细则》及对再审申请人村集体经济组织成员资格认定的行为均系根据上述法律、法规规定行使村民自治权利，再审申请人亦无证据证明上述行为系牛角塘村民委员会依照法律、法规、规章的授权作出的行政管理行为。牛角塘村民委员会不是本案行政诉讼的适格被告，再审申请人的起诉不属于人民法院行政诉讼受案范围。"

在特殊情况下，行政机关的内设机构也可能成为法律、法规、规章授权的组织。比如，《道路交通安全法》（2021 年）第 5 条第 1 款规定："……县级以上地方各级人民政府公安机关交通管理部门

---

① 《浙江省实施〈中华人民共和国土地管理法〉办法》（2009 年）第 36 条第 1 款规定："农村村民建造住宅用地，应当向户口所在地的村民委员会或者农村集体经济组织提出书面申请，经村民委员会或者农村集体经济组织讨论通过并予以公布，乡（镇）人民政府审核，报县级人民政府批准。"

② 湖南省高级人民法院（2020）湘行申 768 号行政裁定书。

负责本行政区域内的道路交通安全管理工作。"公安机关是人民政府的工作部门，是行政主体。公安机关交通管理部门，比如交警总队、支队、大队和中队都是公安机关的内设机构，内设机构原本没有对外执法权，但是，根据上述第5条第1款的规定，具有了对外执法权，对其作出的决定可以加盖自己的公章，从而变成了执法主体或行政主体。

（3）委托与被委托。

行政法上的委托近似于民法上的代理，受委托方、委托行政机关分别相当于代理人、被代理人。第一，受委托方在委托范围内应当以委托行政机关的名义行事。第二，受委托方超越委托范围与权限的，由委托行政机关对外承担法律责任，并根据委托协议或委托书对内追究受委托方的责任。这些都与民事代理无异。

但是，行政委托以行政权力为内容，兹事体大，因此，与民事代理不同的是：第一，委托行政机关应当监督、指导受委托方的有关行为。第二，受委托方不得私下再委托其他组织或个人。委托行政机关在委托之前，必定经过审查认可了受委托方具备有关资格、执法能力与条件。如果受委托方私下又将行政权力再次委托第三人，委托行政机关对第三人的资格、执法能力与条件却一无所知，也不能及时监督，那么，行政权力就会失控。

行政委托原则上应当有委托书。但是，实践中有时并不规范，有的受委托方与委托行政机关之间没有书面正式的委托书、委托协议，也没有通过规范性文件、会议纪要予以规定。特别是在土地征收补偿上，有的行政机关为回避矛盾，让村民委员会冲锋陷阵，负责征收、强拆。农民房屋被强拆，在维权时却左右两难：

走民事诉讼，村民委员会赔不起；走行政诉讼，村民委员会又没有权力强拆，不是行政主体。法院的策略就是不强求委托书，而是根据案件的来龙去脉、前因后果，判断是否存在事实上的行政委托关系。

比如，在"詹某秦诉山东省邹城市人民政府、香城镇政府及第三人山东省邹城市香城镇詹邱村村民委员会房屋行政强制案"[①]中，山东省高级人民法院认为，村（居）委会、建设施工单位、拆迁公司等非行政主体认可实施了强拆行为，还应当进一步查明其与行政机关是否存在行政委托关系。具体到本案，詹邱村村委会自认涉案房屋系其拆除，邹城市政府在原审中否认参与实施了被诉强拆行为。但是，"从邹城市政府的专题会议纪要来看，会议决定'香城镇与詹邱村成立搬迁建设项目部，作为詹邱社区搬迁改造项目的实施主体……香城镇成立村庄搬迁工作领导小组，制定实施村庄搬迁工作方案，保证村庄搬迁工作顺利有序进行'。可见，邹城市政府对香城镇和詹邱村进行了拆迁工作的分工安排，邹城市政府与詹邱村委会因此建立了行政委托关系"。因此，尽管詹邱村村委会认可实施了被诉强拆行为，当事人不服提起诉讼的，还是应以委托机关邹城市政府为适格的被告，詹邱村村委会应当作为第三人参与诉讼。这个观点也得到了最高人民法院的认可。

在行政法理论上，受委托方可以是组织、个人，也可以是行政机关。比如，《行政处罚法》（2021年）第20条规定了行政机关可以委托组织实施行政处罚，第21条规定了受委托组织必

---

① 最高人民法院（2020）最高法行申8202号行政裁定书。

须具备的条件。①《行政许可法》（2019年）第24条规定了行政机关可以委托其他行政机关实施行政许可。《行政诉讼法》（2017年）第26条第5款规定，"行政机关委托的组织所作的行政行为，委托的行政机关是被告"，受委托方可以作为第三人参加诉讼。

2. 政府结构

现行《宪法》第85条规定，国务院是中央人民政府，是最高国家行政机关。《地方各级人民代表大会和地方各级人民政府组织法》（2022年）第61条规定："省、自治区、直辖市、自治州、县、自治县、市、市辖区、乡、民族乡、镇设立人民政府。"我国建立了中央、省、市、县、乡五级人民政府。

第一，各级人民政府上下之间的关系，是领导与被领导关系。地方各级人民政府都受国务院统一领导，都服从国务院。第二，各级人民政府实行行政首长负责制。地方各级人民政府分别实行省长、自治区主席、市长、州长、县长、区长、乡长、镇长负责制。第三，各级人民政府都是行政机关，也是行政主体。

各级政府之中，又有工作部门（也称职能部门、组成部门）、直属机构、内设机构、派出机关等，不一而足。其中，最重要的

---

① 《行政处罚法》（2021年）第20条规定："行政机关依照法律、法规、规章的规定，可以在其法定权限内书面委托符合本法第二十一条规定条件的组织实施行政处罚。行政机关不得委托其他组织或者个人实施行政处罚。委托书应当载明委托的具体事项、权限、期限等内容。委托行政机关和受委托组织应当将委托书向社会公布。委托行政机关对受委托组织实施行政处罚的行为应当负责监督，并对该行为的后果承担法律责任。受委托组织在委托范围内，以委托行政机关名义实施行政处罚；不得再委托其他组织或者个人实施行政处罚。"第21条规定："受委托组织必须符合以下条件：（一）依法成立并具有管理公共事务职能；（二）有熟悉有关法律、法规、规章和业务并取得行政执法资格的工作人员；（三）需要进行技术检查或者技术鉴定的，应当有条件组织进行相应的技术检查或者技术鉴定。"

是工作部门，一般都是行政机关，也是行政主体。工作部门实行
双重领导。政府结构如图4-1所示。

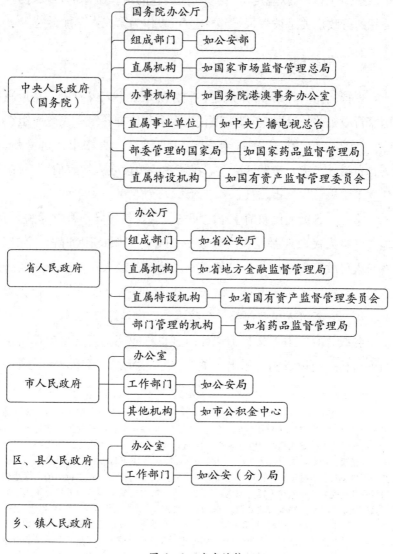

图 4-1 政府结构

3. 派出机关和派出机构

派出机关根据宪法和国家机构组织法的规定设立。按照设立机关不同，派出机关可以分为三类[①]：一是省、自治区的人民政府在必要的时候，经国务院批准，可以设立若干派出机关。[②] 二是县、自治县的人民政府在必要的时候，经省、自治区、直辖市的人民政府批准，可以设立若干区公所，作为它的派出机关。三是市辖区、不设区的市的人民政府，经上一级人民政府批准，可以设立若干街道办事处，作为它的派出机关。"我国现有的政府派出机关仅有三种，即行政公署、区公所和街道办事处。"[③]

派出机关不是一级政府。"但无论是其机构设置，还是行使行政职权的范围，都已经突破了宪法确立的初衷，其地位已经相当于一级政府，已成为我国不多的宪法惯例之一，且已得到相关立法的承认。"[④] 至少可以肯定，派出机关是行政机关，也是行政主

[①] 《地方各级人民代表大会和地方各级人民政府组织法》（2022 年）第 85 条。

[②] 派出机关不是一级政权。新中国成立后地区一级一直设专员公署，"文化大革命"后改为行政公署。1999 年 1 月，中共中央、国务院发布的《关于地方政府机构改革的意见》中指出："要调整地区建制减少行政层次，避免重复设置。与地级市并存一地的地区，实行地市合并；与县级市并存一地的地区、所在市（县）达到设立地级市标准的，撤销地区建制，设立地级市，实行市领导县体制；其余地区建制也要逐步撤销，原地区所辖县改由附近地级市领导或由省直辖，县级市由省委托地级市代管。各自治区调整派出机构——地区的建制，要结合民族自治的特点区别对待，盟的建制原则上不动。"根据这一文件精神，1999 年 11 月，民政部发布的《关于调整地区建制有关问题的通知》，适当调低了"地改市"的要求，此后陆续有很多地区行政公署改为地级市。现有 10 个行政公署，由于当地经济欠发达，交通不便，管辖地域又过于辽阔，还未达到"地改市"的最低要求，故目前行政公署的建制是合适的。苏艺. 试述我国省级政府派出机关的演变. 法制与社会，2013（11）：134.

[③] 王建芹，寨利男. 派出机构法律地位及改革思路的若干思考. 行政与法，2006（1）：62.

[④] 袁明圣. 派出机构的若干问题. 行政法学研究，2001（3）：16.

体，隶属于设立机关并服从设立机关的领导。对派出机关做出的行政行为不服的，可以向设立机关申请复议，设立机关是复议机关。在行政诉讼中，应当以派出机关为被告。

派出机构主要根据国家机构组织法以外的其他法律、行政法规、地方性法规或者规章而设立。可以分为三类：（1）地方政府在特殊经济区域或特殊地区设置的派出机构，比如，经济开发区管理委员会①、自然保护区管理机构等。（2）中央政府部门设置的派出机构，比如，国家海关总署在广东设立的海关分署。（3）地方政府职能部门设置的派出机构，比如，市、县公安局在辖区内设立的公安派出所。②

派出机构"是指地方政府或政府（包括中央政府）职能部门为了实现对某一行政事务或特定区域内行政事务的管理而设立的行政组织"③，是行政机关的内设机构，不是行政主体，只能以行政机关的名义对外做出行政行为，由行政机关对外承担法律责任。但是，派出机构有时可能成为法律、法规、规章授权的组织。比如，公安派出所是市、县公安机关直接领导的派出机构④，办理治

---

① 《最高人民法院关于适用〈中华人民共和国行政诉讼法〉的解释》（法释〔2018〕1号）第21条对此作出了具体规定。开发区管理机构，以批准设立的部门为标准，可以分为两类：一类是由国务院、省级人民政府批准设立的开发区管理机构，它们是行政主体，因为"由开发区所在的省、自治区、直辖市或较大的市的人大常委会通过开发区条例，授予管理委员会行政职权"，它们就成为法律、法规授权的组织，对其作出的行政行为不服提起诉讼的，以该开发区管理机构为被告。另一类是其他开发区管理机构，情况较为复杂，要看是否有法律、法规、规章授权，有的是行政主体，有的不是。潘波.开发区管理委员会的法律地位.行政法学研究，2006（1）：36.

② 袁明圣.派出机构的若干问题.行政法学研究，2001（3）：16-17.

③ 袁明圣.派出机构的若干问题.行政法学研究，2001（3）：15.

④ 《公安机关组织管理条例》（2006年）第6条第1款，《公安派出所正规化建设规范》（公通字〔2007〕29号）第1条。

安管理处罚案件，应当以设立机关的名义，也就是以不设区的市、市辖区、县公安局的名义；但是，警告、500 元以下的罚款可以由公安派出所决定①，以公安派出所的名义，在治安管理处罚决定书上盖章，并对外承担法律责任，发生行政复议、行政诉讼时，公安派出所是被申请人、被告。

派出机关与派出机构如图 4-2 所示。

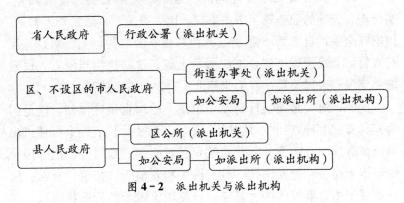

图 4-2　派出机关与派出机构

4. 垂直领导与双重领导

行政机关的领导关系可以分为垂直领导和双重领导，如图 4-3、图 4-4 所示。

图 4-3　垂直领导（如海关）

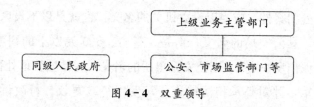

图 4-4　双重领导

（1）垂直领导。

一些中央部委与地方之间的"条条"关系上实行垂直领导。实行垂直领导的业务属于中央事权，比如海关、金融、外汇管理、国家安全等，自上而下建立一套相对独立的机构，上下对口，实行直管，上级领导下级，下级服从上级。这些机构与地方人民政府之间没有隶属关系，有关业务也不允许地方染指掣肘。

比如，海关必须实行高度集中统一的垂直领导体制，这是因为其具有三个特点："一是对外一致性。海关是代表国家行使进出境监督管理职权的涉外行政执法机关，必须一致对外，把好国家的经济大门。二是对内统一性。海关担负监管、征税、查私、统计等属于中央事权的四大任务，行使国家赋予的行政执法权，必须忠实地执行国家的统一政令，维护国家的全局利益。三是自身独立性。海关是国家进出境把关部门，必须保持高度的独立性，依法对各种进出口活动公正地监督和干预。"[1]

（2）双重领导。

《地方各级人民代表大会和地方各级人民政府组织法》（2022年）第83条规定了双重领导。[2]双重领导是指地方人民政府各工

---

[1]　陈宏，黄发忠．关于海关垂直领导体制若干问题的反思．上海海关高等专科学校学报，2002（1）：1.

[2]　《地方各级人民代表大会和地方各级人民政府组织法》（2022年）第83条规定："省、自治区、直辖市的人民政府的各工作部门受人民政府统一领导，并且依照法律或者行政法规的规定受国务院主管部门的业务指导或者领导。自治州、县、自治县、市、市辖区的人民政府的各工作部门受人民政府统一领导，并且依照法律或者行政法规的规定受上级人民政府主管部门的业务指导或者领导。"

作部门除了要接受同级人民政府的领导，还要接受上级对口部门的业务指导或领导。这也就是我们常听到的"条块关系""条块管辖"。"这种制度安排的意义在于，中央除了对地方政府进行人事任免等直接领导和控制外，还通过各级各类条条这只长长的'手臂'对地方政府及整个社会进行调控和制约，把中央政府的权威与影响付诸实施。"①"与多数国家'块块'实，'条条'虚的情况不同，中国的'条条'和'块块'都'掌握中央精神'，都分别通过自己的领导系统把这种中央精神传达、贯彻到地方和基层。"②

首先，从中央部委到省、市、县、乡政府，按照业务职能上下对口，形成了自上而下的"条条"系统。比如，国务院设立公安部、省级设立公安厅、市县成立公安局。它们都"承担依法预防、制止和惩治违法犯罪活动，保护人民，服务经济社会发展，维护国家安全，维护社会治安秩序的职责"③。上级在业务上领导、指导下级。上级主要通过以下几个途径影响下级的运作：第一，下级对于其业务范围内发生的重大事项必须及时报告上级。第二，上级指导下级的业务工作。第三，上级可以纠正下级在行政决定、行政决策中的不当之处。第四，下级也要就工作中遇到的问题主动向上级请示报告，请求给予指导和帮助。④

其次，各工作部门都接受同级人民政府统一领导。比如，各级公安机关都归同级人民政府领导。这是因为，"地方公安机关在

---

① 周振超，李安增．政府管理中的双重领导研究：兼论当代中国的"条块关系"．东岳论丛，2009（3）：134.

② 朱光磊．当代中国政府过程．天津：天津人民出版社，2002：335.

③ 《公安机关组织管理条例》（2006年）第2条。

④ 周振超，李安增．政府管理中的双重领导研究：兼论当代中国的"条块关系"．东岳论丛，2009（3）：134.

人事、资源与工作上高度依赖地方政府，公安工作绝大多数属于地方事权或者中央与地方的共同事权，需要由地方政府和党委统筹领导，各工作部门协调配合，'以块为主'是很明显的，也与权力一元化、公安事权的基本属性相契合"①。

（3）理解行政复议的重要基础。

在行政法支架性结构中，行政机关的领导关系，对于行政诉讼被告的认定有些许作用，却远不如对于行政复议的意义重大。对行政复议，它是水源木本，行政复议建立在行政机关的领导关系之上。第一，复议机关一定是作出行政行为的行政机关的领导机关。比如，对海关、金融、国税、外汇管理等实行垂直领导的行政机关作出的行政行为不服的，向上一级主管部门申请复议。对实行双重领导的行政机关作出的行政行为不服的，既可以向上一级主管部门，也可以向同级人民政府申请复议。只是近年来有所变化，在地方层面，行政复议权已由一级人民政府统一集中行使。详述见后。第二，复议机关作为领导机关，有权深度审查下级行政机关作出的行政行为，不仅可以审查其合法性，也可以审查其适当性。第三，上级领导下级工作，是全方位的。行政复议范围一定比行政诉讼范围广。第四，上级有权改变、撤销下级不适当的决定、命令。变更决定应该是行政复议的主要救济方式。

---

① 余凌云．警察权划分对条块体制的影响．中国法律评论，2018（3）：40.

五、行政行为

1. 行政诉讼建立在行政行为之上

行政行为在行政法上的地位，与民事法律行为在民法上的地位相仿。它概括了行政机关所有的与相对人发生法律效果的行政活动。在行政法体系结构中，行政行为就像"阿基米德支点"一样，我国1989年建立的行政诉讼制度就是围绕着这个基本概念构筑起来的。行政诉讼，也称司法审查，是对行政行为的合法性进行审查。"行政诉讼只有聚焦被诉行政行为，才能实现监督的目的，也才能更好地维护公民、法人和其他组织的合法权益，实质化解纠纷。"与民事诉讼大异其趣，行政诉讼"主要目的不是针对原告的诉讼请求，解决纠纷，而是审查被诉行政行为是否合法，监督行政机关依法行政"[①]。行政诉讼制度就是针对行政行为合法性审查而量身定制的。行政诉讼上很多特殊规定都必须从行政行为理论上获得解释，两者之间表现出一种非常工整的，甚至是一一对应的关系，如图5-1所示。

[①] 郭修江. 以行政行为为中心的行政诉讼制度：人民法院审理行政案件的基本思路. 法律适用，2020（17）：73.

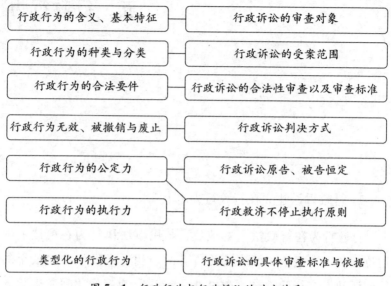

图 5-1 行政行为与行政诉讼的对应关系

2. 行政行为的含义、基本特征

在任何一个区分公法和私法的大陆法系国家，行政纠纷都要通过行政救济解决，适用行政法；民事纠纷都要通过民事诉讼解决，适用民法。在法院体制上，相应地分别成立行政法院和普通法院，如德国、法国。中国在普通法院之内分别设立行政庭和民庭。对于法科学生，这是基本常识。面对诉诸法院的纠纷，法院的首要任务就是判断争议属性，是行政争议还是民事争议？应当归行政法院还是普通法院，归行政庭还是民庭审理？衡量工具就是行政行为。

那么，什么是行政行为呢？简单地说，行政行为是行政机关行使行政权力的行为，以及法律、法规、规章授权组织行使有关授权的行为。在学术上，行政行为的定义纷纭杂沓，让人眼花缭乱、无所适从。"行政诉讼法规定的可诉的具体行政行为与学理上的具体行政行为以及行政管理实践中的具体行政行为三者之间存在天然的差异性。"① 但在实践中，应当以行政诉讼法的规定和解释为准。

《行政诉讼法》（1989 年）规定的具体行政行为就是单方行政行为。其基本特征可以总结为"三性"，也就是公权力性、单方性与法律效果。只要具有"三性"，就是具体行政行为，归行政法院或者行政庭审查。首先，公权力性，这就将行政机关从事的民事活动剥离出去。民事行为不属于行政诉讼受案范围。其次，单方性，是指仅依行政机关单方意思表示就可以发生法律效果，不需要相对人的承诺和同意。行政处罚、行政许可、行政强制皆然。最后，法律效果就是对相对人的权利义务作出法律上的处分，关乎权利增减、义务得失，比如，行政处罚是减损权利、增设义务，行政许可是解除禁令、赋予权利。没有发生法律效果的行为，不符合诉讼上的成熟原则，原则上不能被诉至法院。法院选择在这个时间节点对行政活动进行干预，恰到好处，既能抑制对相对人权益的侵害，又不过早介入行政决定的形成。

具体行政行为的基本特征，实际上就是法院据以审查是否可诉的考量标准。行政行为的类型化，典型的如行政处罚、行政许可、行政强制，不过是为了简化法院审查的过程。对行政行为不断类型化，并且不断予以法意义上的规范，实际上是为法院审查该类行为提供衡量的依据和标准。但是，行政机关的活动纷繁复杂、林林总总，很难完全类型化。对于无法归类的，比如，道路交通违法扣分、信用惩戒，法院还必须依靠"三性"来判断是否

---

① 蔡小雪，甘文. 行政诉讼实务指引. 北京：人民法院出版社，2014：9.

受理审查。

随着行政诉讼的发展，上述"三性"出现了两个变化：首先，在传统行政法上，之所以强调单方性，是因为传统行政法不承认国家可以签订行政契约（行政协议），后来才逐渐认可。《行政诉讼法》（2014 年）规定了行政协议。行政协议是双方行为，打破了单方性。行政诉讼结构也相应地发生了变化，《行政诉讼法》（2014 年）第 78 条为行政协议量身定做了判决方式。[①] 其次，一些非典型的具体行政行为也接踵而至，比如行政登记、行政确认，它们只是对业已形成的法律状态、法律关系予以认可，行政机关没有对当事人的权利义务作出法律上的处分，这些行为不具有直接的法律效果。"法律效果的发生，实际上是当事人在私法上自行处分的结果。比如，船舶所有权转让，是当事人通过合同完成的。只不过将已经形成的法律关系或者法律状态提交给行政机关登记，以国家公信力给予加持，对外公示，让第三人迅速了解现有权利状况。"[②] 这些非典型具体行政行为之所以要归入行政诉讼受案范围，是因为它们对当事人的权利义务有实际影响。但是，话又说回来，上述两个变化只是局部、个别的变动，无关大局。行政诉讼的审查对象绝大多数是符合"三性"的具体行政行为。

3. 行政行为的种类与分类

《最高人民法院印发〈关于行政案件案由的暂行规定〉的通

---

① 《行政诉讼法》（2014 年）第 78 条规定："被告不依法履行、未按照约定履行或者违法变更、解除本法第十二条第一款第十一项规定的协议的，人民法院判决被告承担继续履行、采取补救措施或者赔偿损失等责任。被告变更、解除本法第十二条第一款第十一项规定的协议合法，但未依法给予补偿的，人民法院判决给予补偿。"

② 余凌云. 船舶所有权登记的行政法分析. 中国海商法研究，2021（2）：7.

知》(法发〔2020〕44 号)参考行政法理论上的分类，归纳总结行政诉讼实践，胪列了行政行为的种类，包括：行政处罚、行政强制措施、行政强制执行、行政许可、行政征收或者征用、行政登记、行政确认、行政给付、行政允诺、行政征缴、行政奖励、行政收费、政府信息公开、行政批复、行政处理、行政复议、行政裁决、行政协议、行政补偿、行政赔偿及不履行职责。

那么，学习和了解这些行政行为有何意义？它们都是实现行政任务的手段，具有不同的属性、特点、功能与作用。我们可以根据不同的具体任务、目标，单独或综合使用这些行政手段。比如，在秩序行政领域，为了维护社会、经济、政治秩序，"较多采用干预性手段，如采取行政处罚、行政强制等形式"；在给付行政领域，为了更好地为公众提供公共服务、社会保障，"可引入行政合同、政府购买服务、公私合作、福利券等私法形式或公私法混合的形式，以实现给付行政的任务，并推进社会福利资源的公平分配"①。

"目前我国法律、法规对行政机关作出的行政行为并无明确的分类标准。"在行政诉讼上，这些行政行为，按照行为形态，可以分为作为与不作为；按照法律效果产生方式，可以分为单方行为与双方行为；按照对象的特定性，可以分为抽象行政行为与具体行政行为。

（1）作为与不作为。

行政行为按照是积极形态还是消极形态，分为作为与不作为。作为是积极实施的违法行政行为。不作为，也称不履行法定职责，采用严格的双重标准，既对标法定职责，又要求外在表现消极。

---

① 宋华琳. 中国行政法学总论的体系化及其改革. 四川大学学报（哲学社会科学版），2019（5）：46.

"'不履行法定职责'是指负有法定职责的行政机关在依法应当履职的情况下消极不作为，从而使得行政相对人权益得不到保护或者无法实现的违法状态。未依法履责、不完全履责、履责不当和迟延履责等以作为方式实施的违法履责行为，均不属于不履行法定职责。"① 责令履行判决，仅针对不作为。

（2）单方行为与双方行为。

行政行为按照是否需要合意，分为单方行为与双方行为。单方行为就是仅依行政机关单方意思表示就发生法律效果的行政行为，也就是对相对人的权利义务作出法律处分，不需要相对人的同意、认可和接受。相对人抗拒单方行为的执行，行政机关可以依法强制执行。双方行为需要双方合意才能发生法律效果。比如行政协议，相对人不同意签订行政协议，行政机关不能将单方意志强加给对方，强迫对方签订行政协议。正因发生法律效力的基础不同，行政协议纠纷的原告和被告、审查方式、举证、判决等也与单方行为不完全一样。

（3）抽象行政行为与具体行政行为。

通说认为，行政行为分为抽象行政行为和具体行政行为。抽象行政行为指行政法规、行政规章以及行政规范性文件。行政法理论上，将行政法规、行政规章统称为行政立法。司法解释中，又将规范性文件称为"具有普遍约束力的决定、命令"，是行政机关针对不特定对象发布的能反复适用的规范性文件。② 具体行政行

---

① 《最高人民法院印发〈关于行政案件案由的暂行规定〉的通知》（法发〔2020〕44 号）。

② 《最高人民法院关于适用〈中华人民共和国行政诉讼法〉的解释》（法释〔2018〕1 号）第 2 条第 2 款。

为是行政机关就特定的具体事项，针对行政相对人作出的具有法律效果的行为。两者兼备的"行政行为"，实际上等同于"行政作用"。

对抽象行政行为与具体行政行为的区分，是从"适用、对象与内容"三个方面进行判断的：前者可以反复适用，后者是一次性决定；前者针对的对象广泛，内容一般抽象，后者针对的对象特定，且内容具体明确；前者表现为具有普遍效力的法律文件，后者一般是具体行政决定。但是，"抽象—具体"的区分，"还是未能为行政行为的可诉性问题"，"画上圆满的句号"[①]。"抽象行政行为与具体行政行为之间没有一个明确的绝对的界限。法院在进行司法审查的时候，只能根据具体案情作出判断。"[②]

比如，在"董某华等诉重庆市人民政府拆迁行政复议案"[③]中，董某华等 108 户被拆迁户，因垫江县桂溪镇北苑小区旧城改造，于 1998 年得知垫江县人民政府发给县有关部门的《关于认真做好北苑小区旧城改造房屋拆迁补偿安置工作的通知》（垫府发（1998）2 号），认为该通知对北苑小区范围内的被拆迁人具有强制力，对被拆迁人的权利、义务产生了实际影响，遂提出诉讼。

对于上述通知是否可诉，法院的认识截然不同。该案的意义在于，最高人民法院"绕开审查对象所具有的外在形式，而直接审查其内容。当其内容符合具体行政行为属性时，不论其外在形

---

① 陈越峰. 中国行政法（释义）学的本土生成：以"行政行为"概念为中心的考察. 清华法学，2015（1）：28.

② 蔡小雪，甘文. 行政诉讼实务指引. 北京：人民法院出版社，2014：17.

③ 重庆市高级人民法院（2001）行重字第 8 号行政判决书。

式，而直接认定其含有具体行政行为的内容"①。

通知从外在形式上看，一般是规范性文件，重庆市高级人民法院也认为，上述通知属于抽象行政行为，"从针对的对象看，尽管范围限于北苑小区，但并没有特指小区内的某个被拆迁单位或被拆迁户，而是泛指位于小区内的全部被拆迁单位和被拆迁户；从效力上是否可反复适用看，尽管该文件因北苑小区的拆迁而产生，也将因北苑小区拆迁结束而终止其效力，但在拆迁期间，对小区内的不同单位和个人均可反复适用；从效力的时间性看，该文件并不是对已存在的事实给予的法律评价，只对被拆迁人将来的行为有拘束力，而不对被拆迁人过去的行为有拘束力。从内容上看，虽然对限期搬迁、补偿标准、奖惩手段等作了规定，但从庭审调查看，该文件并不具有强制力，并非所有的拆迁人与被拆迁人都遵守了该文件的规定，而采取了另外的方式完成拆迁。最重要的，从能否进入执行程序看，依据该文件不能直接进入执行程序，作为强制执行的依据，只能是行政机关针对具体的人和事所作的具有个别性质的行政裁决或决定，而不能是一种对象不明的原则规定的规范性文件"。

但在再审中，最高人民法院同样运用上述三个判断标准，却认为上述通知"含有具体行政行为的内容"，不属于抽象行政行为。"垫江县政府作出的垫府发（1998）2号通知中有关拆迁补偿安置的标准、办法以及未按通知执行的法律后果等内容涉及到当事人权利义务，上述内容针对的对象是特定的，即北苑小区的全部被拆迁单位和被拆迁户。上述内容的效力只适用于北苑小区旧

---

① 陈越峰. 中国行政法（释义）学的本土生成：以"行政行为"概念为中心的考察. 清华法学，2015（1）：31.

城改造范围的被拆迁单位和被拆迁户，其效力不及于其他对象，不能反复使用，一旦北苑小区的拆迁工作完成，该通知即失去其效力。该通知第二条第（一）款规定，对个别超过拆迁公告规定的拆迁期限，并经拆迁动员单位督促后，仍拒不拆、搬的，在给予一定经济惩罚的基础上，依法实施强制拆除。该规定不仅为相对人设定了义务，而且规定一旦相对人未履行义务，将直接承担被强制拆除的法律后果。"①

《行政诉讼法》（1989 年）采用了具体行政行为这一术语，没有引入抽象行政行为这一术语，但是，"当时立法中用'具体行政行为'的概念，针对的是'抽象行政行为'，主要考虑是限定可诉范围"②。《行政诉讼法》（2014 年）摒弃了具体行政行为，而是采用了两个重要概念，即行政行为和规范性文件。它们与上述具体行政行为和抽象行政行为不完全对应。

首先，抽象与具体的划分，并对应行政诉讼上的可诉性，反映了对行政诉讼的传统认识。随着行政诉讼的发展，可诉的"行政行为"不限于具体行政行为，在司法解释中"具体行政行为"特指单方行为③，可诉的行政行为还包括双方行为，即行政协议，以及非典型的行政行为。

---

① 最高人民法院（2001）行终字第 14 号行政判决书。
② 全国人民代表大会法律委员会关于《中华人民共和国行政诉讼法修正案（草案）》修改情况的汇报．（2014-08-31）［2022-05-13］．http://www.npc.gov.cn/zgrdw/npc/lfzt/2014/2014-08/31/content_1876868.htm.
③ 在历史上，《行政诉讼法》（1989 年）第 2 条规定了具体行政行为。最高人民法院《关于贯彻执行〈中华人民共和国行政诉讼法〉若干问题的意见（试行）》（1991年）第 1 条将"具体行政行为"解释为单方行为。没过几年，最高人民法院废止了上述解释。《最高人民法院关于执行〈中华人民共和国行政诉讼法〉若干问题的解释》（法释〔2000〕8 号）第 1 条正式启用"行政行为"概念，但它还是指单方行为。

其次，行政规范性文件也不是抽象行政行为的全部，只是其中之一，是狭义上的抽象行政行为。"行政规范性文件是除国务院的行政法规、决定、命令以及部门规章和地方政府规章外，由行政机关或者经法律、法规授权的具有管理公共事务职能的组织依照法定权限、程序制定并公开发布，涉及公民、法人和其他组织权利义务，具有普遍约束力，在一定期限内反复适用的公文。"[1]在行政诉讼上，公民、法人或者其他组织认为行政行为所依据的国务院部门和地方人民政府及其部门制定的规范性文件不合法的，在对行政行为提起诉讼时，可以一并请求对该规范性文件进行审查。

4. 行政行为的合法要件

行政行为唯有满足所有合法要件，方能有效成立，并合法合理。在理论上，行政行为合法要件一般采用"四要件"说，包括主体合法、内容合法、程序合法、形式合法。也有将形式合法并入程序合法的，称"三要件"说。总体上看，"四要件"说或"三要件"说干净利索，结构规整，逻辑严谨。

行政诉讼法却另辟蹊径，按照办案要求次序，总结为事实、法律适用、程序、职权和处理结果"五要素"，体现为《行政诉讼法》（2017年）第70条规定的审查标准，从"主要证据不足"、"适用法律、法规错误"、"违反法定程序"、"超越职权"、"滥用职权"到"明显不当"，只有经过审查都不存在这些问题，行政行为才算是合法、合理、有效。

---

[1] 《国务院办公厅关于加强行政规范性文件制定和监督管理工作的通知》（国办发〔2018〕37号）。

其实，上述行政法理论与行政诉讼法规定之间只是梳理路径不同，用词有差异，实质却完全相同。如图 5-2 所示，"五要素"完全可以被分解成"四要件"："主体合法"指向"职权"要素，"内容合法"包括"事实""法律适用""职权""处理结果"要素，"程序合法""形式合法"对应"程序"要素。

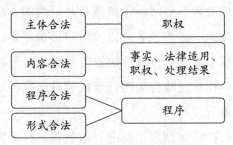

图 5-2 "四要件"与"五要素"的对应关系

行政行为的合法要件能够指引行政机关作出合法、合理的行政决定，是行政机关内部法制审核、行政复议的审查标准，构成了行政诉讼合法性审查的基本标准与进路，也是行政复议维持决定，以及行政诉讼维持判决、驳回诉讼请求判决必须符合的基本条件。

5. 行政行为的效力

行政行为的效力仿自司法判决，又因与司法判决毕竟不同，在遣字组词上刻意有所区别。行政法教科书中，一般都是介绍具体行政行为的效力，也就是单方行为的效力。行政行为具有公定力、确定力、拘束力和执行力。这些效力形态不见得全都能够推及双方行为、非典型行政行为，或许有所进退消长，不可不察。

（1）行政行为的公定力、确定力、拘束力、执行力。

行政行为的公定力是比较特殊的，与行政行为的单方性呼应契合。行政行为作出伊始，就具有公定力，相对人也随之负有协助义务。这体现了公共利益优先。公定力使得行政机关的预期能够通过其单方决定实现，不需要求助于司法力量，从而提高了行政效率。

行政行为具有公定力，不意味着行政行为就是合法的。相对人可以通过行政复议、行政诉讼挑战行政行为的合法性。这决定了行政复议申请人、被申请人，以及行政诉讼原告、被告均是恒定的。行政复议申请人、行政诉讼原告只能是与行政行为有利害关系的相对人，作出行政行为的行政机关只能是行政复议被申请人、行政诉讼被告。

相对人没有在法定期限内提起行政复议、行政诉讼，或者行政复议、行政诉讼没有获得支持的，行政行为的公定力的暂时效力就发展为确定力、拘束力、执行力。首先，确定力是对行政行为涉及的行政机关和相对人而言的，行政机关非因法定事由，并经法定程序，不得随意改变行政行为，相对人也不能无故不遵守、不执行。其次，拘束力是针对第三人的，也就是行政行为对于法院、其他行政机关以及其他组织或个人所产生的拘束效果。比如，当事人出示本地户口簿，即可证明其为本地居民。有关单位、个人都不能视而不见、不置可否，不受户口登记效力的拘束。最后，执行力伴随着公定力而产生，行政机关、相对人都应当自觉执行行政行为，行政复议、行政诉讼期间也原则上不停止执行，特别是行政行为获得了确定力、拘束力之后，执行力稳固不变、不可回复。相对人无正当理由拒不执行的，行政机关可以依法强制执行。行政行为的公定力和执行力共同支撑着行政救济不停止执行原则。

（2）行政行为的无效、撤销与废止。

行政行为的无效，是指行政行为有实施主体不具有行政主体资格或者没有依据等重大且明显的违法情形，行政行为自始不发生法律效力，从来在法律上没有诞生过。《行政诉讼法》（2017年）第75条规定了行政行为无效。相对人有权拒绝执行无效行政行为，也不会招致什么不利后果。对无效行政行为的起诉，没有起诉期限的限制。行政行为被确认无效的，要恢复原状。

行政行为的撤销，是指行政行为作出之后，已经生效，由于存在事实不清、证据不足、适用法律错误、违反法定程序、超越职权、滥用职权、结果明显不当等问题，有权机关（比如复议机关、法院）可以依法撤销。撤销的效果可以是行政行为自撤销之日起向后不再发生效力，也可以溯及到行政行为作出之时就不发生效力。《行政复议法》（2023年）第64条第1款、《行政诉讼法》（2017年）第70条规定了行政行为的撤销。相对人要求撤销行政行为的，应当在法定期限内提起诉讼。行政行为只要没有被撤销，就一直有效。

行政行为的废止，也称行政行为的撤回，是指对合法有效的行政行为，基于其已经完成使命、无须继续存在，或者行政行为所依据的法律、法规、规章被修改或废止，或者发生重大情势变迁，为了公共利益，由有权机关依法终止其向后继续发生效力。《行政许可法》（2019年）第8条第2款规定了行政许可的撤回。

行政行为的无效、撤销与废止决定了法院对被诉行政行为的处理态度与方式，与确认判决、撤销判决、驳回诉讼请求判决等判决形式之间有着内在的交叉对应联系。对于无效行政行为，应判决确认其无效；对于可撤销的行政行为，应判决撤销或者变更；

对于合法、合理的行政行为，应判决驳回诉讼请求。

6. 行政行为类型化概述

"我国行政法学理向来注重行政行为的分类研究，几乎所有的行政法教科书都以较大的篇幅来论述各种行政行为的分类，对行政行为分类近乎'一网打尽式'的著作也曾出现。""通过一定的标准对行政行为进行分类研究，有助于理解不同类型行政行为的效力发生机理、程序运作规则及法律控制手段。"[1]

行政行为的类型化，完成于行政法总论，是建构行政法总论的需要。类型化是将各个行政领域具有共性的手段抽离出来，比如，将警察行政、海关行政、市场监管行政等领域都广泛运用的、具有相同特征的行政手段逐一归纳出来，提取公因数，形成行政处罚、行政许可、行政强制等类型化行政行为。萃取之后，在很大程度上是对它们的共同程序性特征进行归纳，寻求统一规范和控制。比如，行政处罚在总论中仅讲述概念、特征、种类、程序，以及违法行为的一般构成。

在行政法分论，也就是部门行政法，比如警察行政法、税收行政法、海关行政法中，可以将上述类型化的行政手段投入各个行政领域，与林林总总、各具特色的实体内容相结合，产生规制效果。比如，行政处罚被具体运用到治安秩序领域，《治安管理处罚法》规定的各种违法形态及具体构成，与《行政处罚法》的规定有机地融合在一起，形成生动活泼的对治安违法行为的行政处罚形态。

---

[1] 章志远. 新《行政诉讼法》实施对行政行为理论的发展. 政治与法律，2016(1)：5.

在不同的行政法教科书中，学者还会胪列更多的类型化行政行为。在《最高人民法院印发〈关于行政案件案由的暂行规定〉的通知》（法发〔2020〕44号）规定的行政案件案由中，一级是行政行为，二级就是已达成共识、多少已经被类型化的行政行为。最典型的类型化行政行为是行政处罚、行政许可、行政强制，与此对应，我国分别制定了《行政处罚法》《行政许可法》《行政强制法》，合称"行政三法"。

其中，《行政处罚法》（1996年）具有典范性，首先，它开创了控制权力的二元结构：一是规定设定权，二是规范程序。《行政许可法》（2003年）、《行政强制法》（2011年）的立法结构均效仿《行政处罚法》（1996年）。其次，它开启了分解式行政程序立法模式。因为我国制定统一行政程序法尚欠条件，只好改途易辙，针对一些重要的行政行为，分别规定有关程序。《行政处罚法》（1996年）首开先河，全面引入英美法中的正当程序。《行政许可法》（2003年）、《行政强制法》（2011年）也步其后尘。"行政三法"在程序规定上大同小异。

7. 行政行为类型化（Ⅰ）：行政处罚

（1）行政处罚的概念与种类。

《行政处罚法》（2021年）第2条规定了行政处罚的定义：行政处罚是指行政机关依法对违反行政管理秩序的公民、法人或者其他组织，以减损权益或者增加义务的方式予以惩戒的行为。该条提取了学者、法官和立法参与者对行政处罚认识的最大公约数，为区分行政处罚与其他行政行为提供了重要标准，但要彻底厘清，却极为困难。

　　符合上述定义标准的，就是行政处罚；否则，不是。上述定义标准包括：第一，行政处罚是对"违反行政管理秩序"的处罚。"违反行政管理秩序"就是"违反行政法义务"。第二，行政处罚的目的是惩戒。这是行政处罚与其他行政行为的根本区别。其他行政行为可能也附带惩戒效果，但主要目的是调查取证、防止危害扩大、避免危害发生等。比如，交警扣押交通肇事车辆，在扣押期间，所有权人、使用人暂时无法使用该车辆，有着受惩戒的意味；但如果扣押目的是车辆检测，该措施就不是行政处罚，而是行政强制。第三，惩戒的方式是减损权益或者增加义务。责令改正不是行政处罚，由此澄清。公法上的责令改正，近似私法上的恢复原状。责令改正是因为当事人先前以积极作为或消极不作为的方式违反了行政法义务，造成的违法状态或后果延续至今，由此产生了当事人的后续积极作为义务：消除改正，恢复如初。比如，对车辆违法加改装，交警应当责令当事人拆除。这在法律上并没有增加当事人的义务，当事人的改正义务，不是新增义务，而是因先前违法而内在衍生的积极消除义务。行政机关实施行政处罚时，只要违法行为或违法状态可以改正，行政机关必先责令当事人改正或者限期改正，然后，再就违法行为给予行政处罚。

　　在学术上，按照权利类型，行政处罚可以分为申诫罚、财产罚、资格罚、行为罚、自由罚。法律、行政法规规定的行政处罚的具体种类却不胜枚举。《行政处罚法》在已有共识的基础上，枚举了每个类型中的常见种类。

　　第一，申诫罚，也称名誉罚，是通过对名誉、声誉的羞辱达到制裁效果，适用于情节轻微的行政违法行为，包括警告、通报批评。通报批评应当符合上述行政处罚标准，"具有外部性"。不要混淆的是，通报批评"在日常生活的各个领域中都属于常用词汇"[①]，行政机关、企事业单位、机关团体等单位内部的通报批评，是对内部人员的惩戒，不是行政处罚。

第二，财产罚，是通过剥夺财产实施的制裁，包括罚款、没收违法所得、没收非法财物。违法所得是指实施违法行为所取得的款项。如何计算，众说纷纭，主要有"净利说""毛利说"等计算方式。具体采用什么方式计算，由中央立法规定，也就是由法律、行政法规、部门规章规定。这有利于实现全国、全行业、全领域统一尺度。行政机关在实施行政处罚时，当事人有违法所得的，应当依法先行退赔，以优先保护受害人，无法退赔的，应当予以没收。至于是否同时并处其他行政处罚，行政机关可以依法裁量决定。

第三，资格罚，与行为罚一样，以行政许可为前提，是对被许可人违反许可规定的制裁，包括暂扣许可证件、降低资质等级、吊销许可证件。

第四，行为罚，主要有限制开展生产经营活动、责令停产停业、责令关闭、限制从业。

第五，自由罚，是限制人身自由的制裁，指行政拘留。

（2）行政处罚的设定权。

《行政处罚法》（1996年）在设定权上的总体思路，是将行政处罚的设定权收归中央，抑制地方设立行政处罚过多、过滥。《行政处罚法》（2021年）维持基本格局不变，只是对地方治理需要作出适当回应。

[①]　朱芒.作为行政处罚一般种类的"通报批评".中国法学，2021（2）：149 - 150.

　　行政处罚的设定权分为行政处罚种类的创设权和设定行政处罚的权限。

　　第一，行政处罚种类的创设权，完全收归中央，只能由法律、行政法规规定。地方性法规、地方政府规章，甚至部门规章都不能创设新的行政处罚种类，它们在立法中只能依法选用《行政处罚法》（2021年）第9条规定的种类，或者作为其上位法的法律、行政法规规定的其他行政处罚种类。

　　第二，设定行政处罚的权限。创制性立法和执行性立法由于其立法属性不同，其设定行政处罚的权限亦不同。创制性立法是开天辟地，没有上位法。执行性立法是循章建制，执行落实上位法。

　　创制性立法设定行政处罚的权限，依照法律位阶，从法律、行政法规到地方性法规、规章依次递减，如表5-1所示。

表5-1　创制性立法设定行政处罚的权限

法规范	设定权限
法律	可以设定各种行政处罚。限制人身自由的行政处罚，只能由法律设定
行政法规	可以设定除限制人身自由以外的行政处罚
地方性法规	可以设定除限制人身自由、吊销营业执照以外的行政处罚
部门规章	尚未制定法律、行政法规的，部门规章可以设定警告、通报批评或者一定数额罚款的行政处罚，罚款的限额由国务院规定
地方政府规章	尚未制定法律、法规的，地方政府规章可以设定警告、通报批评或者一定数额罚款的行政处罚，罚款的限额由省级人民代表大会常务委员会规定

执行性立法，比如，为执行法律而制定行政法规，为执行法律、行政法规而制定部门规章、地方性法规，为执行法律、法规而制定地方政府规章，设定行政处罚的基本原则是：上位法对违法行为已经作出行政处罚规定的，执行性立法必须在上位法规定的给予行政处罚的行为、种类和幅度的范围内进行规定。但是，考虑到对地方性法规、行政法规适度放权，即使上位法对违法行为未作出行政处罚规定，执行性立法也可以补充设定行政处罚。但是，要通过征求意见、说明理由以及报送备案等程序加以控制。执行性立法设定行政处罚的权限如表5-2所示。

表5-2 执行性立法设定行政处罚的权限

法规范	原则	例外
行政法规	法律已经规定行政处罚的，行政法规必须在规定的行为、种类和幅度内细化	法律对违法行为没有规定行政处罚的，行政法规可以补充设定。拟补充设定行政处罚的，应当通过听证会、论证会等形式广泛听取意见，并向制定机关作出书面说明。报送备案时重点说明
地方性法规	法律、行政法规已经规定行政处罚的，地方性法规必须在规定的行为、种类和幅度内细化	法律、行政法规对违法行为没有规定行政处罚的，地方性法规可以补充设定。程序同上
部门规章	可以在法律、行政法规规定的行为、种类和幅度内细化	—
地方政府规章	可以在法律、法规规定的行为、种类和幅度内细化	—

（3）行政处罚的程序。

行政处罚的程序分为简易程序和普通程序。

无论是简易程序还是普通程序，按照执法的时空次序，都必须遵守以下程序：第一，执法人员原则上不少于2人，且具有行政执法资格。第二，表明执法身份。执法人员应当出示执法证件，否则，当事人或者有关人员有权拒绝接受调查、检查或者处罚。第三，告知和说明理由。在作出行政处罚决定之前，应当告知当事人拟作出的行政处罚的内容及事实、理由、依据，并告知当事人依法享有的陈述、申辩、要求听证等权利。第四，听取当事人辩解。行政机关必须充分听取当事人的意见，对当事人提出的事实、理由和证据，应当及时复核。成立的，应当采纳；不采纳的，要说明理由。行政机关不得因当事人陈述、申辩或者要求听证而加重处罚，这与"上诉不加刑"同理。第五，告知救济途径和期限。应当在行政处罚决定中注明不服行政处罚决定的有关救济途径和期限。

简易程序，也称当场处罚程序，程序简便，执法效率高，更加便民。其适用条件是：第一，违法事实确凿，并有法定依据。第二，警告或者罚款额度较低，原则上对公民处以200元以下、对法人或者其他组织处以3 000元以下罚款，法律另有规定的除外。

除了适用简易程序的案件，其他行政处罚案件全部适用普通程序。普通程序，也称一般程序，与简易程序的区别是：第一，适用普通程序需要调查、询问当事人或者有关人员，必要时，还要进行检查，并制作有关笔录；可以采用抽样取证、先行登记保存等方法收集、保存证据。简易程序没有那么复杂，只要当场填写预定格式、编有号码的行政处罚决定书。第二，普通程序有90

日的办案期限，简易程序是当场完成。第三，普通程序中的一些重大案件需要报送法制审核①，简易程序无此要求。第四，普通程序中的行政处罚决定书可以在宣告后当场送达，也可以在 7 日内按照《民事诉讼法》规定的方式送达，还可以在当事人同意并签订确认书的前提下，采用传真、电子邮件等方式送达。简易程序中都是当场送达。

普通程序中，涉及几类重大案件的，需要听证：1）较大数额罚款；2）没收较大数额违法所得，没收较大价值非法财物；3）降低资质等级，吊销许可证件；4）责令停产停业，责令关闭，限制从业；5）其他较重的行政处罚；6）法律、法规、规章规定的其他情形。什么算是数额"较大"？根据法律、法规、规章或者其他规范性文件的规定，一般是指对公民 2 000 元以上罚款，或相当价值的没收，对法人或者其他组织 1 万元以上罚款，或相当价值的没收。

听证程序近似法院的庭审，可以从法院的审理程序类推理解。听证由行政机关指定的非本案调查人员（一般是法制部门的工作人员）主持。当事人要求听证的，应当在行政机关告知后 5 日内提出。行政机关应当在举行听证的 7 日前，通知当事人及有关人员听证的时间、地点。听证原则上公开举行。当事人及其代理人无正当理由拒不出席听证或者未经许可中途退出听证的，视为放

---

① 《行政处罚法》（2021 年）第 58 条规定："有下列情形之一，在行政机关负责人作出行政处罚的决定之前，应当由从事行政处罚决定法制审核的人员进行法制审核；未经法制审核或者审核未通过的，不得作出决定：（一）涉及重大公共利益的；（二）直接关系当事人或者第三人重大权益，经过听证程序的；（三）案件情况疑难复杂、涉及多个法律关系的；（四）法律、法规规定应当进行法制审核的其他情形。行政机关中初次从事行政处罚决定法制审核的人员，应当通过国家统一法律职业资格考试取得法律职业资格。"

弃听证权利，行政机关终止听证。举行听证时，调查人员提出当事人违法的事实、证据和行政处罚建议，当事人进行申辩和质证。听证实行"案卷排他主义""笔录排他原则"，行政机关应当，也只能根据听证笔录作出行政处罚决定，否则，听证没有意义。听证当事人不承担行政机关组织听证的费用。

（4）行政处罚的执行。

《行政处罚法》规定的行政处罚执行主要针对罚款，分为当场收缴罚款和罚缴分离。

当场收缴罚款的适用范围包括：第一，适用简易程序当场处罚，作出 100 元以下罚款，或者不当场收缴事后难以执行的。第二，在边远、水上、交通不便地区，当事人到指定的银行或者通过电子支付系统缴纳罚款确有困难，经当事人提出，可以当场收缴罚款。执法人员当场收缴罚款的，必须向当事人出具国务院财政部门或者省级人民政府财政部门统一制发的专用票据，否则，当事人有权拒绝缴纳罚款。执法人员必须在法定期限内，将收缴的罚款上交行政机关，由后者交给银行。

除了当场收缴之外，其他罚款决定都适用罚缴分离。罚缴分离就是作出罚款决定的行政机关应当与收缴罚款的机构分离。为防止腐败，就要做到"执法不沾一文钱"。行政机关作出罚款决定之后，当事人到指定的银行或者通过电子支付系统缴纳罚款。银行应当将罚款直接上缴国库。

8. 行政行为类型化（Ⅱ）：行政许可

（1）行政许可的概念。

行政许可是指行政机关依相对人申请，经依法审查，准予其从事特定活动的行为，在学术上有"赋权说""解禁说"等解释。行政许可存在的前提是普遍禁止相对人从事某种特定活动，依"赋权说"，行政许可是赋予符合条件的当事人从事该特定活动的权利；依"解禁说"，就是对符合条件的当事人解除禁令，允许其从事该特定活动。"未经许可，禁止入内"，"只许州官放火，不许百姓点灯"，本质上说的就是许可。

首先，行政许可具有外部性，不包括行政机关之间、行政机关内部或者行政系统内的审批，比如，有关行政机关对其他机关或者机关内部人事、财务、外事等事项的审批，就属于行政机关内部行为。

其次，行政许可的前提是存在普遍禁令。未经许可从事特定活动，除给予行政处罚之外，还应当被取缔，也就是不允许继续从事该特定活动。这迥异于确认类的登记、备案，登记、备案不存在取缔。比如，外地车辆进京必须办理进京证。进京证是何属性？对于未办证进京的，如果不仅处罚，还要责令立即驶离，进京证就是许可。责令立即驶离，实则取缔。如果仅是处罚，责令补办进京证，并允许继续在京行驶，进京证就不是许可，而是备案。

最后，行政许可是依申请行为。与行政处罚、行政强制等依职权行为不同，行政机关一般不依职权主动实施行政许可，而是由相对人主动向许可机关提出申请，并按照法定条件，备齐有关申请材料，填报有关信息资讯，证明自己完全符合许可条件。相对人必须对申请材料、信息的真实性负责。

除行政许可之外，还有行政审批。行政审批是管理学上的概念。行政法教科书中一般采用行政许可的概念。行政审批与行政许可界定的标准不同，"行政审批主要是依审批主体和审批形式界定的"①，"凡是必须经过行政机关同意的行为都被视为行政审批行为"，包括对内审批和对外审批、许可类审批和非许可类审批。行政审批和行政许可的共同之处是，都要有权机关同意、批准；不同之处是，行政许可是解禁，行政审批未必。比如，住房公积金贷款买房审批就不是行政许可，而是行政审批。

《行政许可法》（2003 年）第 2 条界定行政许可之后，"出现了所谓的非许可的行政审批概念，使行政许可概念在覆盖的范围上远远小于行政审批概念"。被列入非许可审批的名目繁多，林林总总，比如审核、核准、核查、同意、确认、验收、验证、备案、年审、年检、登记、会审等，它们"被列为'不适用于《行政许可法》的其他审批'，一度被代指为'制度后门'和'灰色地带'"②。"这种变化使大量的'必须经过行政审批机关同意'的事项能够简单地以非行政许可、非许可的行政审批或者核准制的名义，安全地游离于行政许可法的调整范围之外，甚至游离于行政审批制度改革的范围之外，规避行政许可法的制约。"③但是，经过多轮行政审批制度改革，那些实质上是许可，却以非许可的行政审批名义规避行政许可法的问题已经不复存在。

许可是一种规制工具，包含一套申请流程、一项行为授权、许可实施的监管以及许可违反的制裁。④在计划经济下，政府对社

① 王克稳. 我国行政审批与行政许可关系的重新梳理与规范. 中国法学，2007（4）：60-62.

② https://baike.baidu.com/item/非行政许可审批事项/5444008? fr=aladdin，2022 年 6 月 27 日最后访问。

③ 周汉华. 行政许可法：观念创新与实践挑战. 法学研究，2005（2）：14-15.

④ ［爱尔兰］Colin Scott. 作为规制与治理工具的行政许可. 石肖雪，译. 法学研究，2014（2）：37-38.

会经济的干预无处不在，行政许可是政府常用的手段。在市场经济下，政府、社会与市场分离，行政许可大幅减少，但也还会有，行政许可"仅作用于市场失灵的领域，适用于通过包括事后监管在内的其他监管手段不足以解决的事项，主要是稀缺自然资源的开发利用与有限公共资源的配置，自然垄断行业的市场准入"[①]。近些年来，为了优化营商环境，行政审批提速增效、提质增效，行政许可在"理念、范围、实施主体、程序、监督等方面取得了全方位改革成果"。《行政许可法》也面临着重大修改。

（2）行政许可的分类。

行政许可可以分为普通许可、特许、认可、核准与登记五种。[②] 它们各自功能不同，程序也有差异。

第一，普通许可，是由行政机关确认自然人、法人或者其他组织是否具备从事特定活动的条件，其功能主要是防止危害、保障安全，一般没有数量控制，比如驾驶证。

第二，特许，是由行政机关向被许可人授予某种权利，主要适用于有限自然资源的开发利用、有限公共资源的配置、直接关系公共利益的垄断性企业的市场准入等，一般有数量控制，比如城市燃气特许经营许可、采矿证。

第三，认可，是由行政机关对申请人是否具备特定技能的认定，主要适用于为公众提供服务、直接关系公共利益并且要求具备特殊信誉、特殊条件或者特殊技能的资格、资质，没有数量限制，比如律师证、执业医师证。

---

① 王克稳. 我国行政审批制度的改革及其法律规制. 法学研究，2014（2）：9.

② 杨景宇. 关于《中华人民共和国行政许可法（草案）》的说明：全国人民代表大会常务委员会公报，2003（5）：451-452.

第四，核准，是由行政机关对某些事项是否达到特定技术标准、经济技术规范的判断、确定，主要适用于直接关系公共安全、人身健康、生命财产安全的重要设备设施的设计、建造、安装和使用，直接关系人身健康、生命财产安全的特定产品、物品的检验、检疫。核准也是为了防止危险、保障安全，没有数量控制，比如电梯安装的核准。

第五，登记，是由行政机关确立个人、企业或者其他组织的特定主体资格，其功能主要是确立申请人的市场主体资格，没有数量限制。这类登记是许可类登记，比如，金融机构的设立登记。确认类登记不是行政许可，而是行政确认，比如不动产登记、船舶所有权登记。[①]

（3）行政许可的设定。

我国从计划经济发展到市场经济，为了不断"减少政府干预的范围和程度，让市场在资源配置中发挥越来越大的作用"，必须大量削减不必要的行政许可。

行政许可法首先划定了可以设定行政许可的事项范围，确立了尽量不设许可的原则。可以设定行政许可的事项范围较为宽泛，包括"直接关系国家安全、经济安全、公共利益以及人身健康、生命财产安全的事项，有限自然资源的开发利用、有限公共资源的配置的事项，通过事后补救难以消除影响或者造成难以挽回的重大损害的其他事项"。但是，"可以设定行政许可的事项，也并不是都要设定行政许可"[②]，关键还是必须坚持"个人自治优先、

---

① 余凌云. 船舶所有权登记的行政法分析. 中国海商法研究，2021（2）：5-7.
② 杨景宇. 关于《中华人民共和国行政许可法（草案）》的说明. 全国人民代表大会常务委员会公报，2003（5）：451.

市场优先、自律机制优先与事后机制优先"，也就是公民、法人或者其他组织能够自主决定的，市场竞争机制能够有效调节的，行业组织或者中介机构能够自律管理的，以及行政机关采用事后监督等其他行政管理方式能够解决的，就尽量不设行政许可，这"体现了有限政府的基本观念"。这是行政处罚法所没有的控权设计。

在治理思路上，与《行政处罚法》（1996 年）如出一辙，《行政许可法》（2003 年）也通过上收行政许可设定权来治理行政许可过多、过滥。《行政许可法》（2019 年）延续了有关规定。但是，"行政许可法对于许可设定权的规定，尤其是对地方许可设定权的规范与限制，应该说远远超出了行政处罚法与立法法的规定，达到了近年来立法权上收的最高峰"[1]。"只有法律、行政法规和国务院有普遍约束力的决定可以设定行政许可，地方性法规和地方政府规章可以依据法定条件设定行政许可，其他规范性文件一律不得设定行政许可。"[2]

第一，创制性立法的行政许可设定权。如表 5-3 所示，法律、行政法规可以设定行政许可，地方性法规的设定权是有限的，不得染指"需要全国统一制度和中央统一管理的事项"，因为这些事项关涉全国统一市场的建立以及人才流动。部门规章根本没有行政许可设定权。

---

① 周汉华. 行政许可法：观念创新与实践挑战. 法学研究，2005（2）：6，11.

② 杨景宇. 关于《中华人民共和国行政许可法（草案）》的说明. 全国人民代表大会常务委员会公报，2003（5）：450.

表5-3　创制性立法的行政许可设定权

法规范	设定权限	
法律	可以设定行政许可	—
行政法规	尚未制定法律的，可以设定行政许可	—
地方性法规	尚未制定法律、行政法规的，可以设定行政许可	不得设定应当由国家统一确定的公民、法人或者其他组织的资格、资质；不得设定企业或者其他组织的设立登记及其前置性行政许可；不得限制其他地区的个人或者企业到本地区从事生产经营和提供服务；不得限制其他地区的商品进入本地区市场

第二，两个临时性设定。为了及时应对风云变幻，如表5-4所示，国务院可以通过决定临时设定行政许可；省、自治区、直辖市人民政府规章可以设定为期1年的临时性行政许可，且有权限的限制。1年之后，行政许可要么废止，要么上升为地方性法规的规定。

表5-4　两个临时性设定

国家机构	设定权限	
国务院	必要时，可以采用发布决定的方式设定行政许可。除临时性行政许可事项外，国务院应当及时提请全国人大及其常委会制定法律，或者自行制定行政法规	—

续表

国家机构	设定权限	
省、自治区、直辖市人民政府	尚未制定法律、行政法规和地方性法规的，因行政管理需要，确需立即实施行政许可的，省级人民政府规章可以设定临时性的行政许可。临时性的行政许可实施满1年，需要继续实施的，应当提请本级人大及其常委会制定地方性法规	不得设定应当由国家统一确定的公民、法人或者其他组织的资格、资质；不得设定企业或者其他组织的设立登记及其前置性行政许可；不得限制其他地区的个人或者企业到本地区从事生产经营和提供服务；不得限制其他地区的商品进入本地区市场

第三，执行性立法的行政许可设定权。如表5-5所示，执行性立法只能在上位法规定的行政许可范围内进一步明确行政许可的实施机关、条件、程序和期限，说文解字，不作实质性增减。

表5-5 执行性立法的行政许可设定权

法规范	设定权限	
行政法规	可以在法律设定的行政许可事项范围内细化	上位法已经设定行政许可的，法规、规章不得另外增设行政许可，不得增设、改变有关许可条件
地方性法规	可以在法律、行政法规设定的行政许可事项范围内细化	
规章	可以在上位法设定的行政许可事项范围内细化	

（4）行政许可的实施机关与程序。

在行政许可的实施机关方面，"限于当时条件"，《行政许可法》（2003年）承认部门许可的现实。[①]但为了更加便民，"对机构

---

① 《行政许可法》（2003年）第22条规定："行政许可由具有行政许可权的行政机关在其法定职权范围内实施。"

集中①、场所集中、合并、牵头办理②等作了原则规定"。实行
"放管服"改革之后，很多地方设立审批服务中心、行政审批局，
由一个机构对外实施行政许可，全面实行"一站式"服务，在政
务大厅集中办理行政许可事项，实行"一网通办""一业一证"，
或者推行"一窗受理、一窗通办"③。

随着服务政府、数字政府的建设，"放管服"改革，以及"互
联网＋公共服务"推广，各地陆续推出"并联审批"、"容缺受理"
与"告知承诺"，推进扁平化和程序再造，积极落实"马上办、网
上办、就近办、一次办、自助办"，进一步发扬光大了行政许可程
序所体现的高效便民。

第一，申请。行政许可申请除了可以当面提交，还可以通过
信函、电报、电传、传真、电子数据交换和电子邮件等方式提出。
申请材料不齐全或者不符合法定形式的，行政机关应当当场或者
在 5 日内一次性告知申请人需要补正的全部内容，逾期不告知的，
自收到申请材料之日起即为受理。申请人可以当场更正的，应当
允许申请人当场更正。

第二，审查。对申请材料的审查，行政机关原则上实行形式
审查，应当履行审慎审查义务。如果发现材料涉嫌虚假、伪造，

---

① 《行政许可法》（2003 年）第 25 条规定："经国务院批准，省、自治区、直辖
市人民政府根据精简、统一、效能的原则，可以决定一个行政机关行使有关行政机关
的行政许可权。"该条也称相对集中行政许可权。

② 《行政许可法》（2003 年）第 26 条规定："行政许可需要行政机关内设的多个
机构办理的，该行政机关应当确定一个机构统一受理行政许可申请，统一送达行政
许可决定。行政许可依法由地方人民政府两个以上部门分别实施的，本级人民政府可以
确定一个部门受理行政许可申请并转告有关部门分别提出意见后统一办理，或者组织
有关部门联合办理、集中办理。"

③ 黄海华．行政许可制度的立法完善探析：以《法治政府建设实施纲要
（2021—2025 年）》的出台为背景．中国司法，2021（10）：16 - 17.

可以由两名以上执法人员根据法定条件和程序进行实质审查。行政许可涉及利害关系人的，行政机关应当告知并听取利害关系人意见。对于法律、法规、规章规定的实施行政许可应当听证的事项，或者行政机关认为需要听证的其他涉及公共利益的重大行政许可事项，行政机关应当举行听证。听证程序与行政处罚法规定的听证程序大致相同。

第三，决定。能够当场给予行政许可的，应当当场决定，否则，应当在法定期限内作出行政许可决定。不予行政许可的，应当说明理由，并告知行政救济的权利。

第四，变更或撤回。对于生效的行政许可，行政机关不得随意撤销。但是，行政许可所依据的法律、法规、规章修改或者废止，或者准予行政许可所依据的客观情况发生重大变化的，为了公共利益的需要，行政机关可以依法变更或者撤回已经生效的行政许可。由此给公民、法人或者其他组织造成财产损失的，行政机关应当依法给予补偿。

第五，特别规定。特许的数量有限，"行政机关应当通过招标、拍卖等公平竞争的方式决定是否予以特许"。认可涉及特殊技能认定，"行政机关一般应当通过考试、考核方式决定是否予以认可"。核准需要判断是否达标，"行政机关一般要实地检测、验收"①。

行政许可原则上不收费，法律、行政法规另有规定的除外。

9. 行政行为类型化（Ⅲ）：行政强制

在行政法上，行政强制能够保证行政机关实现其所期望的行

---

① 杨景宇.关于《中华人民共和国行政许可法（草案）》的说明.全国人民代表大会常务委员会公报，2003（5）：452.

政状态，也是其他行政行为的担保手段。比如，行政机关作出的罚款决定如果不能有效执行，对于被处罚人而言，就是一纸空文，炊沙成饭。因此，被处罚人无正当理由拒不及时缴纳罚款的，行政机关可以依法行政强制执行。

正是因为行政强制过于严厉，应当慎用、少用。采用非强制手段可以达到行政管理目的的，不得设定和实施行政强制。这出自比例原则的"最小损害"要求。

《行政强制法》（2011年）将行政强制分为行政强制措施和行政强制执行。该法与《行政处罚法》（1996年）、《行政许可法》（2003年）如出一辙：首先，明确程序规范，既明确所有措施都要遵守的一般程序规定，又针对特定措施规定特别程序要求；其次，通过上收设定权来防止行政强制过多、过滥，在上收力度上有过之而无不及。

（1）行政强制措施的概念与种类。

行政强制措施，是指行政机关在行政管理过程中，为制止违法行为、防止证据损毁、避免危害发生、控制危险扩大等，依法对公民的人身自由实施暂时性限制，或者对公民、法人或其他组织的财物实施暂时性控制的行为。

行政强制措施与行政强制执行的区别是：第一，是否时间紧迫。行政强制措施一般是在时间紧迫的情况下实施的，刻不容缓，行政机关无暇，也无法从容不迫地事先作出一个行政行为，要求当事人先行履行义务。行政强制执行一般时间从容，行政机关可以尽量催告，要求当事人先行执行行政行为，催告无效，才实施强制执行。从保障权利的妥善与周延上看，行政强制执行是法治的常态，行政强制措施应该是例外。第二，与第一点相应，是否存在先行的行政行为，也称"基础行为"。行政强制执行是先有一个正式的行政行为，比如行政处罚、行政征收、责令限期拆除决定，课以当事人必须履行的义务，当事人拒不执行的，行政机关可以依法强制执行。行政强制措施没有先行行政行为，是强制措施决定与实施行为合二为一，比如，扣押财物，行政机关在作出扣押决定的同时，就直接控制有关财物。

行政强制措施与其他行政行为（比如行政处罚、行政决定、行政命令）也不同：行政强制措施能够直接实现行政机关所期望的行政状态，遇到相对人抗拒的，行政机关可以直接实施合理的强制力，运用体力或者借助其他物理手段，排除相对人的阻碍。但是，其他行政行为本身不能保证实现行政机关所期待的行政状态，要靠相对人自觉执行，如其拒不履行，行政机关只得依法强制执行。

《行政强制法》（2011年）第9条胪列了行政强制措施的五个具体种类，也就是限制人身自由，查封场所、设施或者财物，扣押财物，冻结存款、汇款，以及其他行政强制措施。根据权利形态，这些种类在学理上可以分为三大类：一是对人身自由的行政强制措施，比如行政管束、强制带离、强制戒毒。二是对财产的行政强制措施，包括查封设施、财物，扣押财物，冻结存款、汇款等。三是对场所的行政强制措施，比如查封场所。

（2）行政强制措施的设定。

行政强制措施设定的总体思路仍然是上收中央，但更加彻底。

第一，创制性立法的行政强制措施设定权。如表5-6所示，行政强制措施基本上由法律来设定，尤其是限制人身自由，冻结存款、汇款，必须，也只能由法律设定，是法律的专属立法权。

行政法规、地方性法规的行政强制措施设定权有所限制，只能在尚无法律规定，且属于国务院管理的事项或者地方性事务上设定，但是，不得规定必须由法律设定的种类。规章、规范性文件都根本无权染指设定。

表5-6　创制性立法的行政强制措施设定权

法规范	设定权限	
法律	可以设定	没有限制
行政法规	尚未制定法律，且属于国务院行政管理职权事项的，可以设定	不得设定限制人身自由，冻结存款、汇款，以及应当由法律规定的行政强制措施
地方性法规	尚未制定法律、行政法规，且属于地方性事务的，可以设定	只能设定查封场所、设施或者财物，扣押财物

　　第二，执行性立法的行政强制措施设定权，由法律定夺。如表5-7所示，法律已经设定行政强制措施的，行政法规、地方性法规不得作出扩大规定。法律没有设定的，行政法规、地方性法规也不得设定，除非法律上有明确授权。

表5-7　执行性立法的行政强制措施设定权

法律规定情形	设定权限	
法律规定了行政强制措施的对象、条件、种类	行政法规、地方性法规不得作出扩大规定	—
法律未设定行政强制措施	行政法规、地方性法规也不得设定	法律规定特定事项由行政法规规定具体管理措施的，行政法规只能在其创制性立法的设定权限内设定

（3）行政强制措施的程序。

行政强制措施一律由行政机关实施，且由行政机关中具备资格的行政执法人员实施，不得委托。

《行政强制法》（2011 年）"对实施行政强制措施的一般程序作了明确规定，对执法实践中用得比较多的查封、扣押和冻结等程序提出了具体要求"①，也就是规定了一般程序、特殊程序。

第一，一般程序近似行政处罚普通程序，比如，由两名执法人员实施、表明执法身份、告知、听取辩解、制作笔录，只是多了事先批准或者情况紧急时先实施、后补批，通知当事人、见证人到场。

第二，限制人身自由、查封、扣押和冻结，除一般程序之外，还有特殊程序要求。首先，限制人身自由的，要及时通知其家属，不得超过法定期限；目的已经达到或者条件已经消失的，应当立即解除。其次，查封、扣押限于涉案的场所、设施或者财物。与违法行为无关的，以及公民个人及其所扶养家属的生活必需品，不得查封、扣押。不得重复查封。应当制作查封、扣押清单。要妥善保管查封、扣押物，不得使用或者损毁。查封、扣押期限，通常与办案期限相同。②不再需要采取查封、扣押措施的，应

---

① 全国人民代表大会法律委员会关于《中华人民共和国行政强制法（草案）》修改情况的汇报．（2009－08－24）［2022－05－23］．http://www.npc.gov.cn/npc/c1481/200908/ade6cbd5ba054599a28a432d0a6fba5f.shtml.

② 《行政强制法》（2011 年）第 25 条规定："查封、扣押的期限不得超过三十日；情况复杂的，经行政机关负责人批准，可以延长，但是延长期限不得超过三十日。法律、行政法规另有规定的除外。延长查封、扣押的决定应当及时书面告知当事人，并说明理由。对物品需要进行检测、检验、检疫或者技术鉴定的，查封、扣押的期间不包括检测、检验、检疫或者技术鉴定的期间。检测、检验、检疫或者技术鉴定的期间应当明确，并书面告知当事人。检测、检验、检疫或者技术鉴定的费用由行政机关承担。"

当立即解除。[①]最后，冻结存款、汇款的数额应当与违法行为涉及的金额相当。不得重复冻结。应当及时向当事人送达冻结决定。冻结期限，通常与办案期限相同。[②]不再需要采取冻结措施的，应当立即解除。[③]

（4）行政强制执行的概念与种类。

行政强制执行，是指行政机关自行或者申请人民法院，对不履行行政决定的公民、法人或者其他组织，依法强制其履行义务的行为。一般而言，行政强制执行的条件："一是行政决定已经作出并且业已生效；二是行政决定具有可执行的内容，即当事人据此产生了作为之义务；三是当事人在规定的期限内拒不履行行政决定所规定的义务。""行政强制执行显然是对业已存在并生效的行政决定的执行，但它不是对程序性决定而是对实体性、基础性决

[①] 《行政强制法》（2011年）第28条规定："有下列情形之一的，行政机关应当及时作出解除查封、扣押决定：（一）当事人没有违法行为；（二）查封、扣押的场所、设施或者财物与违法行为无关；（三）行政机关对违法行为已经作出处理决定，不再需要查封、扣押；（四）查封、扣押期限已经届满；（五）其他不再需要采取查封、扣押措施的情形。解除查封、扣押应当立即退还财物；已将鲜活物品或者其他不易保管的财物拍卖或者变卖的，退还拍卖或者变卖所得款项。变卖价格明显低于市场价格，给当事人造成损失的，应当给予补偿。"

[②] 《行政强制法》（2011年）第32条规定："自冻结存款、汇款之日起三十日内，行政机关应当作出处理决定或者作出解除冻结决定；情况复杂的，经行政机关负责人批准，可以延长，但是延长期限不得超过三十日。法律另有规定的除外。延长冻结的决定应当及时书面告知当事人，并说明理由。"

[③] 《行政强制法》（2011年）第33条规定："有下列情形之一的，行政机关应当及时作出解除冻结决定：（一）当事人没有违法行为；（二）冻结的存款、汇款与违法行为无关；（三）行政机关对违法行为已经作出处理决定，不再需要冻结；（四）冻结期限已经届满；（五）其他不再需要采取冻结措施的情形。行政机关作出解除冻结决定的，应当及时通知金融机构和当事人。金融机构接到通知后，应当立即解除冻结。行政机关逾期未作出处理决定或者解除冻结决定的，金融机构应当自冻结期满之日起解除冻结。"

定的执行。"①

按照执行主体，行政强制执行可以分为行政机关自己强制执行和申请人民法院强制执行两种，也称"自己执行"和"非诉执行"。这种制度模式，是从 20 世纪 80 年代初期全国人大的立法中逐步规定建立起来的。"《行政强制法》继续沿用了这两种强制执行模式，并从立法上进行了统一规定，使之更明确和完善。"②

《行政强制法》（2011 年）第 12 条胪列了行政强制执行的方式，包括加处罚款或者滞纳金，划拨存款、汇款，拍卖或者依法处理查封、扣押的场所、设施或者财物，排除妨碍、恢复原状，代履行，以及其他强制执行方式。在理论上，上述执行方式可以分为间接强制和直接强制两类。

首先，间接强制是迂回实现行政目标，隔空打牛，敲山震虎，包括两种：一是执行罚，主要是加处罚款或者滞纳金，让当事人惧怕欠款像雪球一样越滚越大，不得不及时履行义务。执行罚不是行政处罚的罚款，它们目的不同，不可混淆。二是代履行，是让第三人替代当事人履行义务，并收取费用。

其次，直接强制是"直奔主题"，毕其功于一役，直截了当地实现行政目标，比如，欠税不缴的，就直接从义务人的账户上划拨存款、汇款，或者拍卖依法扣押的财物，折抵欠税。

（5）行政强制执行的设定。

行政强制执行只能由法律设定。行政法规、地方性法规、规

---

① 胡建森．"行政强制措施"与"行政强制执行"的分界．中国法学，2012（2）：96-97.

② 杨小军．行政强制执行的主要制度．法学杂志，2011（11）：17.

章和规范性文件都无权设定。其中深意，是要严格控制行政机关自己执行。凡是法律没有明确规定行政机关自己执行的，一概要求行政机关申请法院强制执行。

（6）行政强制执行的程序。

行政强制执行程序分为行政机关自己强制执行程序和申请法院强制执行程序，也称"自己执行程序"和"非诉执行程序"。强制执行时间充裕，行政机关不妨尽力督促义务人自己履行，正如孙子所言："不战而屈人之兵，善之善者也。"（《孙子兵法·谋攻篇》）催告构成强制执行的核心。只有催告不成，方才诉诸强制。

首先，行政机关自己强制执行，一定要有法律明确授权，已如上述。有关程序分为一般规定和特殊规定。

一般规定包括：第一，条件。当事人在行政机关决定的期限内不履行义务。但是，对于违法的建筑物、构筑物、设施等的强制拆除，必须等待行政诉讼起诉期限届至。第二，催告。行政机关作出强制执行决定前，应当事先书面催告当事人履行义务，并听取当事人意见。当事人也有权陈述、申辩。第三，决定。经催告，当事人逾期仍不履行行政决定，且无正当理由的，行政机关可以作出强制执行决定。第四，执行和解。在实施强制执行过程中，行政机关可以在不损害公共利益和他人合法权益的情况下，与当事人达成执行协议。执行协议是行政机关与当事人"就如何实现执行内容、执行事项达成的协议"①，双方可以约定分阶段履行的内容、方式、时间等。当事人采取补救措施的，可以减免加

---

① 杨小军. 行政强制执行的主要制度. 法学杂志，2011（11）：19.

处的罚款或者滞纳金。第五，强制执行的限制。一是行政机关不得在夜间或者法定节假日实施行政强制执行，但是，情况紧急的除外。二是行政机关不得采取对居民生活停止供水、供电、供热、供燃气等方式迫使当事人履行相关行政决定。

特殊规定是为执行罚、代履行量身定做的。执行罚、代履行除要遵守一般规定外，还要遵守特殊规定。执行罚适用于当事人不履行金钱给付义务。行政机关可以依法加处罚款或者滞纳金，并告知当事人加处标准。但是，执行罚不得超过"本金"[①]，也就是加处罚款或者滞纳金的数额不得超出金钱给付义务的数额。加处罚款或者滞纳金超过 30 日，经催告当事人仍不履行的，行政机关可以改用直接强制，比如依法划拨存款、汇款，或者依法拍卖已经查封、扣押的财物。代履行是《行政强制法》（2011 年）第50 条、第52 条直接授予行政机关的强制执行权。分为一般代履行[②] 和立即代履行。[③] 代履行的义务一定是可以替代的作为义务，比如排除妨碍、恢复原状，清除遗洒物、障碍物或者污染物。不可替代的义务，比如服兵役，不适用代履行。代履行可以由行政

---

① 加处罚款或者滞纳金，毕竟是执行过程中的处罚，具有附属性质。如果附属性数额超出被附属性"本金"，不仅极大增加了金钱给付义务的负担，而且附超本的实际结果会使其合理性受到质疑。杨小军．行政强制执行的主要制度．法学杂志，2011(11)：18.

② 《行政强制法》（2011 年）第 50 条规定："行政机关依法作出要求当事人履行排除妨碍、恢复原状等义务的行政决定，当事人逾期不履行，经催告仍不履行，其后果已经或者将危害交通安全、造成环境污染或者破坏自然资源的，行政机关可以代履行，或者委托没有利害关系的第三人代履行。"

③ 《行政强制法》（2011 年）第 52 条规定："需要立即清除道路、河道、航道或者公共场所的遗洒物、障碍物或者污染物，当事人不能清除的，行政机关可以决定立即实施代履行；当事人不在场的，行政机关应当在事后立即通知当事人，并依法作出处理。"

机关或者第三人实施。一般代履行要先行催告，当事人仍然不履行的，可以实施代履行，并向当事人收取有关合理费用。立即代履行是情况紧急时实施的，无须催告，行政机关可以决定立即实施。

其次，申请人民法院强制执行，也称"非诉执行"，是对行政机关作出的已经生效的行政行为的强制执行，而不是对人民法院生效判决、裁定的强制执行。"非诉执行"不适用诉讼程序，而是适用非诉讼程序。第一，申请主体，一般是作出行政行为的行政机关。①第二，申请前提。当事人对行政行为在法定期限内不提起复议、诉讼，又不履行的。第三，催告。行政机关在申请人民法院强制执行前，应当催告当事人履行义务，但是，当事人仍不履行义务。第四，审查方式。人民法院实行书面审查，必要时，可以举行听证，听取被强制执行人和行政机关的意见。第五，审查标准。人民法院经过审查发现，行政机关无主体资格，以及存在"三明显"，即明显缺乏事实根据，明显缺乏法律、法规依据，有其他明显违法并损害被执行人合法权益的行为的，应当裁定不予执行。行政机关对裁定不服的，可以向上一级人民法院申请复议。但是，复议不成，执行依据，也就是行政行为就相当于被撤销。行政机关可以重新调查取证，依法作出新的行政行为。第六，因情况紧急，为保障公共安全，行政机关可以申请人民法院立即执行。

---

① 但是，有一个参照非诉执行的例外，就是生效的行政裁决确定的权利人或者其继承人、权利承受人，在当事人不履行行政裁决，行政机关又不申请人民法院执行时，可以申请人民法院强制执行。

六、政府信息公开

政府信息公开是为了实现"透明政府",行政机关依法公开在履行行政管理职责过程中制作或者获取的信息。这不仅能够满足公众的知情权,也能够使公众有效参与和监督行政。

政府信息公开的逻辑结构是很简单的:第一,判断是否为政府信息,若不是,则不适用《政府信息公开条例》。但非政府信息也不是不公开,是否公开取决于其他有关规定,比如警务公开、党务公开、审判公开、政务公开等规定。第二,政府信息能否公开,应当按照不予公开事项逐一排除。不属于不予公开事项的,就应当公开。第三,应当公开的政府信息,由制作或者最初获取该政府信息的行政机关负责公开。第四,公开方式,既可以依法主动公开,也可以依申请公开。以上就是政府信息公开的基本制度。

1. 什么是政府信息

《政府信息公开条例》(2019 年)第 2 条明确规定,政府信息,是指行政机关在履行行政管理职能过程中制作或者获取的,以一定形式记录、保存的信息。信息包括数据,数据是指任何以电子或者其他方式对信息的记录。

成为政府信息的关键是：第一，制作或者获取的主体是行政机关，或者法律、法规授权的具有管理公共事务职能的组织。第二，是在履行行政管理职能过程中制作或者获取的。有关刑事侦查活动的信息，以及接受委托对人大、党委干部审计的信息等都不是履行行政管理职能过程中的信息，也就不是政府信息。

比如，在"奚某强诉中华人民共和国公安部案"中，2012 年5 月 29 日，奚某强向公安部申请公开《关于实行"破案追逃"新机制的通知》《关于完善"破案追逃"新机制有关工作的通知》《日常"网上追逃"工作考核评比办法（修订）》等三个文件中关于网上追逃措施适用条件的政府信息。公安部告知其申请获取的政府信息属于法律、法规、规章规定不予公开的其他情形，不予公开。奚某强不服，提起行政诉讼。

北京市第二中级人民法院经审理认为，《关于实行"破案追逃"新机制的通知》是秘密级文件，其余两份文件系根据前者的要求制定，内容密切关联，应当不予公开。判决驳回奚某强的诉讼请求。奚某强不服，提出上诉。北京市高级人民法院经审理认为，上述文件是公安部作为刑事司法机关履行侦查犯罪职责时制作的信息，判决维持一审判决。[①]

"主动公开信息的行为强调权威性、正确性，依申请公开信息的行为则更注重原始性、真实性。"[②] 主动公开应当及时、准确，可以根据需要对信息适度加工。依申请公开的，行政机关向申请

---

① 最高法公布"十大案例" 政府信息咋公开 典型案例来指引. （2014-09-15）[2023-12-31]. https://www.gov.cn/xinwen/2014-09/15/content_2750550.htm.

② 后向东. 论我国政府信息公开制度变革中的若干重大问题. 行政法学研究，2017（5）：109.

人提供的政府信息应当是现有的，一般不需要行政机关汇总、加工或重新制作。申请人有证据证明行政机关提供的与其自身相关的政府信息记录不准确的，可以要求更正。有权更正的行政机关审核属实的，应当及时予以更正，并告知申请人。

2. 不予公开事项

严格规范与控制不予公开事项，是政府信息公开制度的核心。唯有如此，才能实现以公开为原则，以不公开为例外。

（1）国家秘密、商业秘密与个人隐私。

第一，国家秘密绝对不公开。行政机关应当建立政府信息公开审查机制。已经依照法定程序确定为国家秘密的，不得公开。尚未定密，不能确定能否公开的，应当依法报有关主管部门或者保密行政管理部门确定。

第二，商业秘密、个人隐私相对不公开。首先，涉及第三人的商业秘密、个人隐私的，是否公开，应当事先书面征得第三人同意。第三人不同意公开，且有合理理由的，行政机关原则上不予公开，并向申请人说明理由。其次，第三人不同意公开，但行政机关经过利益衡量，认为不公开会对公共利益造成重大影响的，也可以公开，并应当向第三人说明理由，包括对公共利益的认定，以及不公开可能对公共利益造成重大影响的理由进行说明。

比如，在"王某利诉天津市和平区房地产管理局案"中，2011年10月10日，王某利向天津市和平区信息公开办申请公开和平区金融街公司与和平区土地整理中心签订的委托拆迁协议和支付给土地整理中心的相关费用的信息。和平区房地产管理局给金融街公司发出第三方意见征询书后，告知王某利申请查询的内容涉及商业秘密，权利人未在规定期限内答复，不予公开。王某利提起行政诉讼。

天津市和平区人民法院经审理认为，和平区房地产管理局只给金融街公司发了一份第三方意见征询书，没有对王某利申请公开的政府信息是否涉及商业秘密进行调查核实，诉讼中也未提供王某利所申请政府信息涉及商业秘密的任何证据，使人民法院无法判断王某利申请公开的政府信息是否涉及第三人的商业秘密，因此，判决撤销被诉答复，并责令重作。①

又比如，在"杨某权诉山东省肥城市房产管理局案"中，2013 年 3 月，杨某权申请公开经适房、廉租房的分配信息，并公开所有享受该住房住户的审查资料信息（包括户籍、家庭人均收入和家庭人均居住面积等）。杨某权对肥城市房产管理局作出的不予公开的答复不服，提起诉讼。

泰安高新技术产业开发区人民法院经审理认为，杨某权要求公开的政府信息，涉及公民的个人隐私，不应予以公开，判决驳回诉讼请求。杨某权不服，提起上诉。泰安市中级人民法院经审理认为，"当涉及公众利益的知情权和监督权与保障性住房申请人一定范围内的个人隐私相冲突时，应首先考量保障性住房的公共属性，使获得这一公共资源的公民让渡部分个人信息，既符合比例原则，又利于社会的监督和住房保障制度的良性发展"，因此，判决撤销一审判决和被诉答复，责令被告重新作出书面答复。②

---

① 最高法公布"十大案例" 政府信息咋公开 典型案例来指引 . (2014 - 09 - 15) [2023 - 12 - 31]. https://www.gov.cn/xinwen/2014 - 09/15/content _ 2750550. htm.
② 陈宇 . 保障性住房审核信息应予公开 . 人民法院报，2014 - 08 - 07（7）.

（2）法律、行政法规禁止公开的政府信息。

这是法律、行政法规对行政机关提出的不予公开的要求，不能混同于工作秘密、警务秘密。工作秘密、警务秘密是对公职人员、警务人员提出的保密要求，他们应当依据单位的要求保守职务活动中获悉的信息。这是因其担任公职而对其言论自由的必要限制。但是，工作秘密、警务秘密不一定是国家秘密，可能是内部事务信息、过程性信息或者执法信息；也不是一律不公开，是否公开，还必须依据不予公开事项逐一判断。

（3）公开后可能危及国家安全、公共安全、经济安全、社会稳定的政府信息。

涉及"三安全、一稳定"的信息可以不公开，但要说明理由，有条件的，也可以由第三方评估。

不予公开的政府信息中，有的是完全不予公开，有的是部分不可以公开、部分可以公开。对于后一种政府信息应当作区分处理，比如，对不予公开内容，进行删除或者采用技术方式遮掩，且确保无法恢复，然后予以公开。对于完全或部分不予公开的，要向申请人说明理由。

3. 公开主体

信息公开主体一定是行政主体，而非内设机构。除法律、法规另有规定外，第一，就制作的信息而言，"谁制作，谁公开"。两个以上行政机关共同制作的，由牵头制作的行政机关负责公开。第二，就获取的信息而言，"谁保存，谁公开"，亦即"谁获取，谁公开"。两个以上行政机关都有保存的，由最初保存的行政机关负责公开，也就是由最初获取的行政机关公开。

4. 公开方式（Ⅰ）：主动公开

（1）主动公开的范围。对于涉及公众利益调整、需要公众广泛知晓或者需要公众参与决策的政府信息，行政机关应当主动公开。第一，公开已经列入主动公开事项的政府信息。第二，根据上级行政机关的部署，不断增加主动公开的内容，比如，国务院行政执法"三项制度"中①，对于行政执法公示的要求。第三，行政机关发现影响或者可能影响社会稳定、扰乱社会和经济管理秩序的虚假或者不完整信息的，应当及时发布准确的政府信息予以澄清。

（2）公开途径。行政机关可以通过政府公报、政府网站或者其他互联网政务媒体、新闻发布会，以及报刊、广播、电视等途径予以公开，也可以在统一的政府信息公开平台集中发布。

（3）公开场所。行政机关应当在国家档案馆、公共图书馆、政务服务场所设置查阅场所，也可以设立公共查阅室、资料索取点、信息公告栏、电子信息屏等场所、设施。

（4）除法律、法规另有规定外，主动公开的政府信息应当自形成或者变更之日起 20 个工作日内及时公开。

5. 公开方式（Ⅱ）：依申请公开

对于可以公开的政府信息，除主动公开外，还可以依申请公开。属于主动公开的信息，行政机关不依法公开的，相对人可以

---

① 行政执法公示制度、行政执法全过程记录制度、重大执法决定法制审核制度，简称行政执法"三项制度"。https://baike.baidu.com/item/三项制度/60773285？fr=ge_ala，2023 年 12 月 23 日最后访问。

申请公开。

(1) 申请与补正。

申请人基于知情权，即"知的权利"，可以向行政机关申请公开政府信息，无须说明用途或者意图，也就是无须证明是否为生产、生活、科研等需要。但是，在行政程序中，当事人、利害关系人依法有权查阅案卷材料的，就无须申请信息公开。

有关书面或者口头申请，应当向行政机关设立的政府信息公开工作机构提出。

申请内容不明确的，比如，混淆了法律咨询与信息公开，或者对信息描述不清晰，行政机关应当给予指导和释明，弄清申请人的意图，根据申请人的描述，主动介绍行政机关已经制作或者获取的与之相关的信息，锁定申请人希望获取的特定信息。

申请内容不明确的，行政机关应当自收到申请之日起 7 个工作日内一次性告知申请人作出补正，说明需要补正的事项和合理的补正期限。申请人无正当理由逾期不补正的，视为放弃申请，行政机关不再处理该申请。

(2) 答复。

行政机关收到申请后，能够当场答复的，应当当场答复。不能当场答复的，应当自收到申请之日起 20 个工作日内予以答复。需要延长答复期限的，应当经政府信息公开工作机构负责人同意并告知申请人，延长的期限最长不得超过 20 个工作日。但是，征求第三方和其他机关意见的时间不计算在内。

行政机关根据不同情况可以分别作出以下答复：

第一，已经主动公开的，告知申请人获取的方式、途径。对于工商、不动产登记资料等信息的查询，告知申请人依照有关法律、行政法规的规定办理。

第二，可以公开的，向申请人提供，或者告知申请人获取的方式、途径和时间。对于行政机关共同制作的信息，牵头制作的行政机关在决定公开前，可以征求相关行政机关的意见。后者应当在15个工作日内反馈意见，否则，视为同意公开。

第三，属于不予公开事项的，决定不予公开并说明理由。

第四，经审慎检索，没有查到有关信息的，告知申请人信息不存在。比如，"罗某昌诉重庆市彭水苗族土家族自治县地方海事处政府信息公开案"这个指导性案例的裁判要旨是："在政府信息公开案件中，被告以政府信息不存在为由答复原告的，人民法院应审查被告是否已经尽到充分合理的查找、检索义务。原告提交了该政府信息系由被告制作或者保存的相关线索等初步证据后，若被告不能提供相反证据，并举证证明已尽到充分合理的查找、检索义务的，人民法院不予支持被告有关政府信息不存在的主张。"①但是，根据行政机关法定职责以及执法规范，如果行政机关应当制作或者获取的信息不存在，在告知申请人的同时，应当确认行政机关未履行法定职责。

第五，不属于本行政机关负责公开的，告知申请人具体负责公开的行政机关的名称、联系方式，并说明理由。

申请人不得重复申请公开相同政府信息，否则，不予处理。

（3）与主动公开的相互转换。

就同一个政府信息，反复有不同的申请人向同一行政机关提出公开申请，且属于公开范围的，行政机关可以转为主动公开。

---

① 最高人民法院公报，2019（7）：35–36.

申请人也可以建议行政机关将有些信息转为主动公开，行政机关经审核认可的，应当及时转为主动公开。

同样道理，对于主动公开的信息，长期无人浏览、无人问津的，也不妨转为依申请公开。

（4）滥用申请权。

滥用申请权不是违法行为，不会招致处罚，只是申请人申请公开政府信息的数量、频次明显超过合理范围。行政机关应对的方式有三：第一，要求申请人说明理由。行政机关认为申请理由不合理的，告知不予处理。第二，延迟答复。行政机关未发现申请理由不合理，但是申请量过大、申请过频的，为了平衡其他申请人的利益，行政机关可以延迟答复，并告知申请人合理的答复时间。第三，政府信息公开原则上不收费，但是，对于不合理的过量、过频的申请，可以收取信息处理费。

6. 纠纷解决

申请政府信息公开，行政机关不予公开的，申请人应当先申请行政复议，对复议决定不服的，可以提起行政诉讼。行政机关在作出不予公开答复时，应当告知申请人行政复议前置的规定。

政府信息公开案件一般都比较简单，主要包括两类：一是信息是否存在；二是信息可否公开，怎么公开。无论是行政复议还是行政诉讼，都是按照简易程序处理。

7. 公共企事业单位公开

公共企事业单位，比如教育、卫生健康、供水、供电、供气、供热、环境保护、公共交通等，尽管不是行政机关，也不是法律、法规授权的具有管理公共事务职能的组织，但是，由财政拨款，或者允许行政性收费，提供社会公共服务，履行着给付行政职责。因此，也要求它们公开在提供社会公共服务过程中制作、获取的信息。

首先，有关信息公开的依据，包括相关法律、法规，以及国务院有关主管部门或者机构的规定。全国政府信息公开工作主管部门根据实际需要，可以制定专门规定。

其次，对于有关信息公开的纠纷，目前无法提起行政复议、行政诉讼，只能向有关主管部门或者机构申诉。有关主管部门或者机构应当及时调查处理，并将处理结果告知申诉人。

七、行政救济（Ⅰ）：行政复议

《行政复议法》（2023 年）第 2 条规定了行政复议法的适用范围，实际上也界定了行政复议的概念。行政复议就是公民、法人或者其他组织认为行政行为侵犯其合法权益，向复议机关提出行政复议申请，复议机关受理行政复议申请，作出行政复议决定。

1. 行政复议与行政诉讼的异同

行政复议和行政诉讼都解决行政争议。行政复议是建立在行政机关之间的领导关系之上的，行政诉讼是建立在分权基础之上的。具体而言，行政复议是行政机关上级对下级的监督，上下级行政机关具有同质性，都行使行政权力，把握行政政策，具有行政经验。上级行政机关有权改变、撤销下级行政机关作出的违法、不当决定。行政诉讼是司法对行政的控制。司法权与行政权不同，不能以司法权代替行政权，否则，谈不上分权。

上述两者的根本不同，是深入理解行政复议与行政诉讼差异的关键点。第一，行政复议的范围要广于行政诉讼的范围。能够行政诉讼的，就可以行政复议；反之，则未必。第二，行政复议的审查力度要大于行政诉讼的审查力度。行政诉讼只能实行合法性审查，审查行政行为的合法性，包括形式合法和实质合法，或者说，形式越权和实质越权。行政复议不仅可以像法院那样实行合法性审查，还可以进行适当性审查，判断行政行为是否适当。第三，行政复议一定是向作出行政行为的行政机关的上级行政机关提出申请，而行政诉讼原则上是采取"原告就被告"，由被告所在地法院管辖。第四，行政复议程序是行政程序，汲取了一些司法化元素，侧重效率、经济、便捷。行政诉讼完全是司法程序，注重公平、公正，较为烦琐。第五，行政机关下级必须服从上级，执行上级制定的规章或者规范性文件，行政复议可以适用法律、法规、规章以及规范性文件。法院因为分权、人民代表大会制度，只能依据法律、法规，参照规章和规范性文件。第六，行政复议更多采用变更决定，而行政诉讼一般是以撤销为主，以变更为例外。第七，对于复议决定，行政机关只能服从执行，不得向法院起诉。因为"下级服从上级，地方服从中央"。对于法院判决，行政机关不服的，可以上诉。

但是，行政复议和行政诉讼又彼此衔接，首尾相继。不服行政复议的，原则上可以提起行政诉讼。可以行政诉讼的，一定可以行政复议。"行政复议总在不自觉地'模仿'着行政诉讼制度。""不断发展的行政复议为行政诉讼制度提供着许多超前性的供给，如部分抽象行政行为附带审查、和解调解制度、解决行政争议目标的确立等，这些内容已被修正后的《行政诉讼法》吸纳。"①将行政复议和行政诉讼对比着学习，不失为一种有效的学习方法。

---

① 高秦伟. 行政复议制度的整体观与整体设计. 法学家，2020（3）：80.

2. 复议前置与自由选择

对于行政复议和行政诉讼之间的衔接关系，存在着制度选择：是实行复议前置，还是自由选择。复议前置就是先行复议，当事人不满意的可以再提起诉讼。自由选择是让当事人在行政复议或行政诉讼之间抉择，可以直接诉至法院，也可以先复议、后诉讼。

行政复议是由上级机关来解决纠纷。上级机关对业务、专业技术、政策的把握会优于下级机关，又适用行政程序，肯定比较经济、便捷、专业。从理论上说，涉及专业性、技术性、政策性比较强的争议，原则上要实行复议前置，由行政机关先行解决。因为行政诉讼只审查行政行为的合法性。但是，考虑到复议是在行政系统内部运作，与"自己不做自己案件的法官"龃龉，当事人不免心存疑虑，害怕上级偏袒下级。牛不喝水强按头，一味要求复议前置也不好，还是应当尊重当事人的程序选择权。

因此，行政诉讼法实行自由选择为主、复议前置为辅。首先，《行政复议法》（2023 年）第 23 条第 1 款规定，对当场作出的行政处罚决定不服，对行政机关作出的侵犯其已经依法取得的自然资源的所有权或者使用权的决定不服，认为行政机关存在未履行法定职责情形，行政机关不公开申请公开的政府信息，等等，应当实行复议前置。行政机关在作出上述决定时，有义务告知当事人复议前置。其次，《行政诉讼法》（1989 年）第 37 条第 2 款、《行政诉讼法》（2017 年）第 44 条第 2 款、《行政复议法》（2023 年）第 23 条第 1 款第 5 项规定，其他需要复议前置的情形，必须由法律、行政法规规定。也就是要严格控制，不得随意扩大复议前置的适用范围。在

2012 年时，经初步查询，共有 6 部法律、24 部行政法规规定了复议前置。[1] 比如，《海关法》（2021 年）第 64 条规定："纳税义务人同海关发生纳税争议时，应当缴纳税款，并可以依法申请行政复议；对复议决定仍不服的，可以依法向人民法院提起诉讼。"

3. 复议范围

从理论上讲，上级有权审查下级作出的任何决定。现行《宪法》第 89 条第 13 项、第 14 项规定，国务院有权"改变或者撤销各部、各委员会发布的不适当的命令、指示和规章""改变或者撤销地方各级国家行政机关的不适当的决定和命令"。《地方各级人民代表大会和地方各级人民政府组织法》（2022 年）第 73 条第 3 项规定，县级以上的地方各级人民政府有权"改变或者撤销所属各工作部门的不适当的命令、指示和下级人民政府的不适当的决定、命令"。

因此，行政复议的范围理应广于行政诉讼的范围。"从理论上说，无论是外部行政行为，还是内部行政行为；无论是制定规范的行为，还是具体行为；无论是羁束行为，还是裁量行为；无论是合法性审查，还是合理性审查的行为，除法律另有规定外，都

---

① 行政复议的优势是专业性、无偿性、便捷性和过滤性。"专业性表现为'行政争议一般都具有较强的专业性和技术性，而对于专业性和技术性问题的解决恰恰是行政机关的特长。行政机关一般拥有解决这些行政争议的专业人才，也具有解决这些专业性和技术性问题的经验和条件'。无偿性突出表现为公民、法人或者其他组织提出复议申请时无需缴纳申请费，因此与行政诉讼相比，行政复议的成本更低。便捷性指行政复议在解决行政争议时更为快速，对当事人而言更为便利。过滤性表现为通过行政复议可以解决部分行政争议，消化与吸收行政争议，从而可以减轻法院的负担。"杨伟东. 复议前置抑或自由选择：我国行政复议与行政诉讼关系的处理. 行政法学研究，2012（2）：71-73. 截至 2022 年，规定复议前置的法律、行政法规略有变化，总计有 8 部法律、25 部行政法规。

应该在可监督、可救济的行政复议范围以内。""除法律另有规定外，凡行政机关影响公民权利的行为都应该纳入复议的范围。"①

但是，行政复议法与行政诉讼法都将（具体）行政行为作为行政复议和行政诉讼的审查对象。在一个法律体系内，很难想象同一个术语在两法之中会有不同含义。以行政行为来拓展比行政诉讼范围还要广的复议范围，无异于缘木求鱼。"从行政复议与行政诉讼衔接关系来看，一般情况下，属于行政诉讼受案范围的行政争议，均属于行政复议受理范围。"②《行政复议法》（2023 年）第 11 条规定的复议范围，与《行政诉讼法》〔2017 年〕第 12 条规定的受案范围基本一致。

那么，行政协议能否申请复议？《国务院法制办公室对〈交通运输部关于政府特许经营协议等引起的行政协议争议是否属于行政复议受理范围的函〉的复函》（国法秘复函〔2017〕866 号）中明确指出："政府特许经营协议等协议争议不属于《中华人民共和国行政复议法》第六条规定的行政复议受案范围。"最高人民法院对此的态度并不一致：一种是认可上述国务院法制办的复函。③另一种是认

---

① 应松年. 把行政复议制度建设成为我国解决行政争议的主渠道. 法学论坛，2011（5）：8-9.

② 安徽省高级人民法院（2018）皖行终 829 号行政判决书。

③ 在"房某洪、江苏省常州市武进区人民政府再审审查与审判监督行政裁定书"中，最高人民法院认为："《中华人民共和国行政复议法》和《中华人民共和国行政复议法实施条例》均未规定行政协议争议系行政复议受理范围。原国务院法制办公室于2017 年 9 月 13 日作出的《对〈交通运输部关于政府特许经营协议等引起的行政协议争议是否属于行政复议受理范围的函〉的复函》（国法秘复函〔2017〕866 号）明确指出，政府特许经营协议等协议争议不属于《中华人民共和国行政复议法》第六条规定的行政复议受理范围。武进区政府据此认为再审申请人在复议程序中提出的复议申请不属于行政复议受理范围，决定不予受理，并不违反法律规定。"参见最高人民法院（2019）最高法行申 3290 号行政裁定书。

为对于行政协议可以申请复议。①在我看来，行政行为包括单方行为和双方行为，《行政复议法》一直审查单方行为，《行政诉讼法》在 2014 年修改之前，也是审查单方行为。尽管行政协议属于双方行为，但在 2014 年之前，法院实际上也受理与行政协议相关的争议，只是将双方行为中近似单方行为的行政权行使行为拆解出来，按照单方行为的审查方式进行审查。②照理，行政复议也可以依样画葫芦。但是，2014 年《行政诉讼法》修改后，已经可以审理作为双方行为的行政协议。《行政复议法》（2023 年）第 11 条第 13 项将行政协议纳入复议范围，第 71 条规定了对行政协议的决定类型，基本上仿制《行政诉讼法》（2017 年）第 12 条第 1 款第 11 项、第 78 条的规定。行政复议机关对行政协议的审查不应当再采用"行为说"，而应当采用"合同说"③。

对规范性文件的附带审查，《行政复议法》（1999 年）第 7 条先行一步，作了规定，积累了相关经验。《行政诉讼法》（2014 年）第 53 条步其后尘，照单全收。《行政复议法》（2023 年）进一步完善了附带审查的程序。但是，行政复议和行政诉讼的制度

---

① 在"谢某田等与安徽省淮北市相山区人民政府房屋征收复议纠纷再审案"中，最高人民法院明确指出："从行政复议与行政诉讼衔接关系来看，一般情况下，属于行政诉讼受案范围的行政争议，均属于行政复议受理范围。虽然《中华人民共和国行政复议法》和《中华人民共和国行政复议法实施条例》均未明确规定行政协议争议属于行政复议受理范围，但《中华人民共和国行政复议法》第六条第十一项对行政复议的受案范围作出了兜底规定：'有下列情形之一的，公民、法人或者其他组织可以依照本法申请行政复议：……（十一）认为行政机关的其他具体行政行为侵犯其合法权益的。'另外，行政补偿协议仅是征收补偿的一种方式，并没有改变征收补偿的根本性质。故在涉案征收补偿有可能侵犯谢彩侠合法权益的情况下，谢彩侠有权依据上述法律规定向相山区政府申请行政复议。相山区政府受理后进行实体审理并作出行政复议决定，并无不当。"参见最高人民法院（2019）最高法行申 8145 号行政裁定书。

② 余凌云．论行政协议的司法审查．中国法学，2020（5）：66-67.

③ 余凌云．论行政协议的司法审查．中国法学，2020（5）：50-55.

基础不同，决定了审查方式的差异。行政复议是基于领导关系，复议机关可以直接审查由其或其下级制定的规范性文件，要求后者就相关条款的合法性作出书面答复，或者当面说明理由。复议机关不受其拘束，可以独立作出合法性判断。但是，对于上级行政机关制定的规范性文件，复议机关无权判断，只能转送上级行政机关依法处理。行政诉讼是基于分权，法院不受行政机关制定的规范性文件拘束，可以在听取制定机关意见后，独立作出合法性判断。

4. 复议机关、复议机构与复议委员会

（1）复议机关。

复议机关近似法院，"履行行政复议职责"，即受理行政复议申请，审查案涉行政行为是否合法、适当，并作出复议决定。

对复议机关的确定，也称复议管辖。复议机关原则上是作出行政行为的行政机关的上级机关。它们之间一般有着隶属、领导或直接管理关系。当然，也有例外，比如，国务院部门，以及省、自治区、直辖市人民政府都实行自我管辖，自己审查自己作出的具体行政行为。①

行政复议机关呈现出多层级、多部门、内部化以及行政复议力量极度分散的局面。究其原因，在于国务院当时起草《行政复议法》的初衷，是将行政复议制度定位为"行政机关内部自我纠

---

① 《行政复议法》（2023年）第24条第2款规定："……省、自治区、直辖市人民政府同时管辖对本机关作出的行政行为不服的行政复议案件。"第25条规定："国务院部门管辖下列行政复议案件：（一）对本部门作出的行政行为不服的……"第26条规定："对省、自治区、直辖市人民政府依照本法第二十四条第二款的规定、国务院部门依照本法第二十五条第一项的规定作出的行政复议决定不服的，可以向人民法院提起行政诉讼；也可以向国务院申请裁决，国务院依照本法的规定作出最终裁决。"

正错误的一种监督制度"①。行政复议主要是上级对下级的监督，上级对下级的纠错。行政机关的领导关系大致可以分为三类：

一是上下领导关系，比如各级人民政府之间是领导与被领导关系。对人民政府决定不服的，上一级人民政府是复议机关。两个以上行政机关共同作出行政行为的，它们的共同上一级行政机关是复议机关。

二是垂直领导关系，比如海关、金融、外汇管理等，作出行政行为的行政机关的上一级行政机关是复议机关。税务、国家安全机关作出的行政行为，也由上一级行政机关负责复议。

三是双重领导关系，各级人民政府职能部门作出行政行为的，其上一级主管部门和同级人民政府都是复议机关，当事人可以选择向其中一个申请行政复议。但是，行政机关在作出决定时，时常寻求上一级主管部门的业务指导，由上一级主管部门负责复议，会影响公正性。上一级主管部门也多在异地，申请人不免旅途奔波。因此，现在很多地方都在推进相对集中复议体制改革工作，上一级主管部门不再接受复议申请，而由同级人民政府统一受理行政复议案件，实行"一个口子对外"，也就是"县级以上地方人民政府一级只保留一个行政复议机关，统一管辖相关复议案件，并以本级人民政府名义作出行政复议决定"②。

《行政复议法》（2023 年）确认了上述改革成果，还进一步扩大了"一个口子对外"。第一，管理关系实际上近似于领导关系，

---

① 杨景宇.关于《中华人民共和国行政复议法（草案）》的说明.（2023 - 10 - 11）[2022 - 05 - 08]. http://www.npc.gov.cn/zgrdw/npc/zfjc/xzfyfzfjc/2013 - 10/11/content_1809238.htm.

② 沈福俊.行政复议委员会体制的实践与制度构建.政治与法律，2011（9）：66 - 67.

法律、法规、规章授权组织虽不是行政机关，但政府或者其工作部门管理该组织，政府是复议机关。国务院部门管理的法律、法规、规章授权组织，也由国务院部门负责行政复议。第二，政府设立的派出机关，政府工作部门设立的派出机构，也归政府领导，它们作出的行政行为，也由政府负责复议。

此外，还存在自我管辖的特殊情形，主要是考虑到国务院不作被告，省级政府、国务院部门作出的行政行为，仍然由省级政府、国务院部门自己负责复议。对复议决定不服的，可以提起行政诉讼，也可以申请国务院裁决，但是，国务院裁决是最终裁决，不得向法院起诉。

（2）复议机构。

复议机构是复议机关的内设机构，一般是负责法制工作的部门，比如法制办、法制处、法制科，具体办理行政复议事项。2018 年 3 月，中共中央发布《深化党和国家机构改革方案》，政府法制机构并入司法行政部门，新组建的司法行政部门设有行政复议机构。①

司法行政部门既是地方人民政府的复议机构，同时又有行政管理职责，比如，负责社区矫正、普法宣传、律师与法律援助工

---

① 地方推行相对集中复议体制改革之后，形成两种模式：一是行政复议委员会办公室或者行政复议办公室模式，前者如辽宁省、河南省等，后者如广西壮族自治区、山东省、广东省等。"由地方人民政府司法行政部门代表本级人民政府依法办理行政复议事项，由本级司法行政部门相关处（科）室承担行政复议工作职责。上述机构以同级人民政府行政复议委员会或者行政复议办公室名义开展工作。"二是行政复议局模式。2015 年，全国首家行政复议局在义乌市挂牌成立，2017 年行政复议局在浙江省全面铺开。"在市司法局加挂'行政复议局'牌子，承担市政府行政复议机构职能，市司法局相关科室具体承担行政复议工作职责。"曹鎏，李月.我国行政复议体制改革的发展演进、目标构成及修法回应.行政管理改革，2022（4）：43.

作、公证仲裁等业务办理。对其履行行政管理职责作出的行政行为不服的，既可以向本级人民政府申请行政复议，也可以向上一级司法行政部门申请行政复议。

（3）复议委员会。

为了解决行政复议中立性问题，2006 年 12 月，国务院召开全国行政复议工作会议，对"有条件的地方和部门可以开展行政复议委员会的试点"作了具体部署。复议机关成立复议委员会。复议委员会采取"掺沙子"方式，聘请专家、学者参加复议审理。复议委员会有议决型和咨询型两种类型：议决型是"委员会的审议意见直接作为行政机关作出行政复议决定的依据"，比如哈尔滨；咨询型是"委员会的表决结果仅仅作为行政复议机关的参考意见"，比如北京。[①]

《行政复议法》（2023 年）确立了咨询型复议委员会。对于重大、疑难、复杂的案件，或者专业性、技术性较强的案件，以及其他重要案件，复议机构应当提请复议委员会提出咨询意见，复议机关作出复议决定时，应当重点参考咨询意见。在实践中，第一，复议决定没有完全采纳咨询意见的，应当在复议决定中就未采纳部分说明理由。第二，在送达复议决定书时一并附上咨询意见。

（4）三者关系。

复议机关、复议机构和复议委员会三者之间的关系是：复议决定是以复议机关名义作出的。复议机构具体负责办理复议案件，同时也组织办理复议机关的行政应诉事项。复议委员会为办理复议案件提供咨询意见，并就复议工作中的重大事项和共性问题研究提出意见。

---

① 马怀德，李策 . 行政复议委员会的检讨与改革 . 法学评论，2021（4）：13；曹鎏，李月 . 我国行政复议体制改革的发展演进、目标构成及修法回应 . 行政管理改革，2022（4）：39.

5. 申请人、被申请人和第三人

行政复议和行政诉讼的审查对象都是行政行为。复议机关与人民法院相仿，行政复议的申请人、被申请人、第三人，在结构上分别对应着行政诉讼的原告、被告、第三人，二者在含义、种类、判断标准上几无差别，只不过在称谓术语上要有所区别。

6. 复议不停止执行原则

行政复议不停止执行原则和行政诉讼不停止执行原则差不多，在理论上统称为"行政救济不停止执行原则"。其理论根据也相同，就是基于行政行为的公定力和执行力，优先实现公共利益。《行政复议法》（2023 年）第 42 条，以及《行政诉讼法》（2017 年）第 56 条规定的情形差不多，大致包括四种：第一，作为被申请人、被告的行政机关主动决定停止执行。第二，当事人、第三人申请，经复议机关、法院同意停止执行。第三，复议机关、法院主动决定、裁定停止执行。第四，依法应当停止执行的，比如，《行政处罚法》（2021 年）第 73 条第 3 款规定："当事人申请行政复议或者提起行政诉讼的，加处罚款的数额在行政复议或者行政诉讼期间不予计算。"

7. 复议审理

行政复议是行政系统内部上级对下级的法律监督，原则上适用行政程序，"不宜，也不必搬用司法机关办案的程序"[1]。不像诉

---

[1] 杨景宇. 关于《中华人民共和国行政复议法（草案）》的说明.（2023 - 10 - 11）[2022 - 05 - 08]. http://www. npc. gov. cn/zgrdw/npc/zfjc/xzfyfzfjc/2013 - 10/11/content_1809238. htm.

讼程序，行政程序更加注重灵活、便捷与效率。

第一，行政复议受理条件与起诉条件大致相同。

第二，与《行政诉讼法》（2014 年）修改一样，《行政复议法》（2023 年）在普通程序之外也增加了简易程序，实行"繁简分流"，"简案快审，繁案精审"。首先，行政复议和行政诉讼的简易程序大致相同，在适用范围上，除当场作出、政府信息公开，以及当事人各方都同意适用等与行政诉讼相同之外，行政复议多了警告、通报批评，提高了涉案款额，允许采用书面审理。其次，除适用简易程序外，其他案件适用普通程序。

第三，实行一级复议制。

第四，调解优先。在行文表述上，行政复议与行政诉讼调解规定略有不同，但在实际操作上基本相同。

第五，复议申请期限、审理期限都远远短于诉讼起诉期限、审理期限，如表 7-1 所示。复议申请原则上向复议机关提出。但是，对于当场作出或者依据电子技术监控设备记录的违法事实作出的行政处罚决定不服的，可以通过原行政机关提交复议申请。这可以督促原行政机关审慎办案，主动纠错。

表 7-1　行政复议与行政诉讼有关期限规定

期　　限	法律规定
复议申请期限	原则上 60 日。未告知申请权的，从知道或者应当知道申请权之日起计算，最长不超过 1 年
复议审理期限	简易程序 30 日，普通程序原则上 60 日
起诉期限	原则上 6 个月。经过复议的 15 日
一审审理期限	原则上 6 个月

第六，以听取意见为原则，以书面审理为例外。复议机构应

当当面或者通过互联网、电话等多种方式听取当事人意见，因当事人原因不能听取意见的，可以采用书面审理。对于重大、疑难、复杂案件，应当听证。复议机构认为有必要，或者申请人请求听证的，也可以组织听证。被申请人的负责人应当参加听证，这与要求行政诉讼负责人出庭差不多。

8. 复议决定

行政复议和行政诉讼都是针对行政行为合法性的审查与裁决，复议决定和一审判决的种类差不多，包括驳回请求（或维持）、确认违法、撤销、变更、责令履行等。

从理论上讲，复议机关作为上级领导机关，对行政行为的审查力度要远大于法院的审查力度，而且，有权直接改变不适当的行政行为。法院却有所顾忌，不能打破分权，以司法裁判直接代替行政决定，否则，法院就变成了行政机关的上级机关，抹去了行政诉讼和行政复议之间的楚界汉河，司法权与行政权合二为一了。因此，"审得深""变的多"，是行政复议和行政诉讼的重要区别。

（1）"审得深"。

《行政复议法》（1999 年）第 1 条规定了行政复议的目的是"防止和纠正违法的或者不当的具体行政行为"，第 28 条又将"不当"进一步缩小为"明显不当"。同一部法律之内对审查深度使用两个不同术语，已有不妥，但与《行政诉讼法》（1989 年）第 54 条第 4 项规定的"显失公正"至少在用语上有区别。从文字上品鉴，"显失公正"似乎比"不当""明显不当"要求高，"显失公正"是指实质违法，属于重大且明显的不公正，"不当""明显不当"外延应该更广，还包括一般意义上的不合理，尚未质变为违法。倘若如此，上述行文遣字姑且还算是体现了行政复议与行政诉讼之间的差异。其实不然。当时的行政复议立法参与者也是从实质违法意义上阐述"明显不当"的[①]，比如，没有平等对待，与行政诉讼上的"显失公正"无实质不同。[②] 2014 年《行政诉讼法》修改之后，其中第 70 条第 6 项、第 77 条第 1 款将先前的"显失公正"改为"明显不当"。至此，用词上的差别也不复存在。《行政复议法》（2023 年）注意到了上述无差别实为不妥，不再援用"明显不当"，而是回归了"内容适当"，与第 1 条"不当"保持一致。第 63 条第 1 款第 1 项规定，对于内容不适当的行政行为，可以变更。也就是说，不仅明显不当，就是不适当，复议机关都有权审查并作出变更决定。

比如，在"张某某不服珠海市公安局交通警察支队行政处罚案"[③]中，2007 年 5 月 17 日，珠海市斗门区人民法院作出刑事判决书（（2007）斗法刑初字第 193 号），判决申请人犯交通肇事罪，判处有期徒刑 1 年，适用缓刑 1 年。申请人的缓刑考验期为 2007 年 6 月 9 日至 2008 年 6 月 8 日。2020 年 4 月 9 日，被申请人作出公安交通管理行政处罚决定书（粤公交决字〔2020〕第 440400 - 2901926735），根据《道路交通安全法》第 101 条第 1 款的规定，对申请人 2007 年 3 月 6 日违反道路交通安全法律、法规规定，发

---

① 张春生．中华人民共和国行政复议法释义．北京：法律出版社，1999：143 - 144；曹康泰．中华人民共和国行政复议法释义．北京：中国法制出版社，1999：134.

② 余凌云．论行政诉讼上的合理性审查．比较法研究，2022（1）：158.

③ 首届"全国行政复议优秀文书"评选结果．（2021 - 08 - 23）[2022 - 05 - 08]．http://www. moj. gov. cn/pub/sfbgw/jgsz/jgszjgtj/jgtjxzfyyysj/xzfyyysjtjxw/202108/t20210823 _ 435720. html.

生重大事故，构成犯罪的违法行为作出吊销机动车驾驶证，2 年内不得重新取得机动车驾驶证的行政处罚。

复议机关认为：第一，时间跨度长达 13 年，显然不符合《道路交通安全违法行为处理程序规定》（2008 年）第 49 条关于"在人民法院判决后及时作出处罚决定"的规定。第二，"申请人在判决生效十三年后受到吊销驾驶证的行政处罚对其生活的影响，与判决生效后立即被吊销驾驶证对其生活的影响，已不可同日而语。如果本次吊销驾驶证的行政处罚成立，被申请人未及时履行法定职责所带来的不利法律后果，将全部由申请人个人承担，严重影响其生活和家庭，显失公平"。因此，被申请人作出涉案行政处罚明显不当，依法应当予以撤销。

（2）"变的多"。

从《行政复议法》（2023 年）第 63 条第 1 款的规定看，对于事实清楚、证据确凿的，或者经过复议能够查清事实的，因仅是未正确适用依据，内容不适当，复议机关可以直接作出变更决定。这显然比《行政诉讼法》（1989 年）第 54 条第 4 项、《行政诉讼法》（2017 年）第 77 条第 1 款规定的变更判决要广得多。

也就是说，行政诉讼优先考虑撤销重作，判决变更是例外。这体现了司法权对行政权的尊让，法院尊重行政机关的第一次判断。与之相反，行政复议是建立在行政机关上下级关系之上的，行政复议优先考虑变更，撤销并责令重作是例外。

以下例外情形下，复议机关可以撤销并责令重作。

第一，复议机关查明事实不清，且行政机关更有条件进一步查清事实的，复议机关可以决定撤销，并责令行政机关重作。比如，在"景某某不服北京市经济技术开发区管理委员会行政不作为案"①中，申请人向被申请人举报，他在第三人某公司购买的电脑"全是残次品"，要求被申请人查处。复议机关认为，在被申请人调查过程中，第三人某公司"称换回的商品未发现问题且已按二手渠道销售至经销商或客户处，无法提供商品进行检测，但被申请人未对该情况的真实性进行核实"；并进一步指出，"即使被换回的商品已经销售至其他经销商或客户处，被申请人也可以对申请人留存的商品进行检测，被申请人在未进行检测的情况下，径行认定现有证据无法证明违法事实存在，属于未能全面、充分履行调查职责"。因此，复议机关以事实不清为由，"撤销被申请人作出的不予立案决定"，并责令被申请人"对申请人的举报事项依法重新作出处理"。

第二，复议机关查明程序违法，需要行政机关重新履行程序义务的，复议机关可以决定撤销，并责令行政机关重作。比如，在"珠海某公司不服贵州省财政厅政府采购投诉处理决定案"②中，复议机关认为，"本案中，乙公司向被申请人提出投诉，认为采购项目的合格供应商不足三家，应予废标"，"申请人作为原中标供应商，与投诉事项的处理结果有利害关系，属于与投诉事项有关的当事人，应当给予申请人陈述和申辩的权利，并依法向其送达《投诉处理决定》。被申请人受理投诉后未向申请人发送投诉答复通知书及投诉书副本，亦未将《投诉处理决定》送达申请人，

① 首届"全国行政复议优秀文书"评选结果. (2021-08-23) [2022-05-08]. http://www.moj.gov.cn/pub/sfbgw/jgsz/jgszjgtj/jgtjxzfyyysj/xzfyyysjtjxw/202108/t20210823_435720.html.

② 首届"全国行政复议优秀文书"评选结果. (2021-08-23) [2022-05-08]. http://www.moj.gov.cn/pub/sfbgw/jgsz/jgszjgtj/jgtjxzfyyysj/xzfyyysjtjxw/202108/t20210823_435720.html.

违反了《中华人民共和国政府采购法》和财政部令第 94 号文件的上述规定，程序违法"。因此，复议机关决定撤销，并责令被申请人重作。

第三，必须由行政机关处理的事项，复议机关无法或不宜越俎代庖、亲力亲为。即复议机关发现行政行为适用的依据不合法、超越职权或者滥用职权，但是，需要行政机关实质性处理有关问题，复议机关无法直接变更的，可以决定撤销，并责令行政机关重作。比如，在"朱某不服成都市人民政府信息公开案"[①]中，申请人申请公开的内容是"川府土〔2011〕839 号批文对应的成都市人民政府征用成华区保和乡斑竹村一组集体土地的征地补偿安置实际、落实、实际实施的征地补偿安置方案的政府信息"。被申请人答复："经查询，未查询到该政府信息，该政府信息我局不存在。"复议机关认为，首先，根据《土地管理法实施条例》第 25 条第 3 款的规定[②]，以及《成都市人民政府办公厅关于进一步规范全市征地实施工作的意见》（成办发〔2017〕24 号）关于"市政府是五城区土地征收的法定主体""市国土局是五城区征地实施主体，五城区各国土分局负责承办本区征地实施的具体工作"的规定，"并结合本案查明的事实"，可以判断有关信息应当存在。其

---

① 首届"全国行政复议优秀文书"评选结果．（2021－08－23）[2022－05－08]．http://www.moj.gov.cn/pub/sfbgw/jgsz/jgszjgtj/jgtjxzfyyysj/xzfyyysjtjxw/202108/t20210823_435720.html.

② 《土地管理法实施条例》（2014 年）第 25 条第 3 款规定："市、县人民政府土地行政主管部门根据经批准的征收土地方案，会同有关部门拟订征地补偿、安置方案，在被征收土地所在地的乡（镇）、村予以公告，听取被征收土地的农村集体经济组织和农民的意见。征地补偿、安置方案报市、县人民政府批准后，由市、县人民政府土地行政主管部门组织实施。对补偿标准有争议的，由县级以上地方人民政府协调；协调不成的，由批准征收土地的人民政府裁决。征地补偿、安置争议不影响征收土地方案的实施。"

次，被申请人没有"尽到合理的查找和检索义务"。"行政机关收到政府信息公开申请后，首先应当判断该政府信息是否可能由其制作或保存，继而进行检索查询，检索应当遵循科学合理的原则，并且检索的范围应当以该机关为中心逐步适度扩大。"但是，在本案中，被申请人"未对申请人上述信息进行诸如征地补偿安置方案、成华区保和乡斑竹村等关键字查询，仅简单笼统输入信息进行查找，甚至错误输入一些申请人未要求的信息进行查找，没有对申请人描述的政府信息内容进行分析与判断"。因此，复议机关决定撤销，并责令被申请人重作。

复议机关作为领导机关，除了"变的多""应变尽变""应改尽改"，还可以做到"应赔尽赔"。即便申请人没有一并提出赔偿请求，复议机关在决定撤销、变更罚款，撤销违法集资、没收财物、征收征用、摊派费用以及查封、扣押、冻结措施的同时，应当责令返还财产，解除查封、扣押、冻结措施，或者赔偿相应的价款。

八、行政救济（Ⅱ）：行政诉讼

　　《行政诉讼法》（2017 年）分为十章，包括总则、受案范围、管辖、诉讼参加人、证据、起诉和受理、审理和判决、执行、涉外行政诉讼、附则。在行政诉讼法教科书中，章节设计不完全对应行政诉讼法，但主体框架基本相同，大致包括绪论、受案范围、管辖、诉讼参加人、证据及规则、法律适用、审查标准、判决（救济手段）、程序、执行。行政诉讼的主体架构与行政复议大致对应，可以参照对比记忆。不同学者在行政诉讼法教科书的编排上，对于上述框架也会有所取舍与合并。

　　行政诉讼是从民事诉讼脱胎而来，又不同于民事诉讼。行政诉讼在目的、功能与结构上，也有别于民事诉讼。在我看来，行政诉讼法的规定大致可以分为三类：

　　（1）与行政法对应的行政诉讼规定。

　　对于与行政法有着对应关系的行政诉讼规定，必须结合行政法的有关规定才能获得理解，可详见前述"行政法的支架性结构"。

　　（2）行政诉讼的特殊规定。

　　与行政法没有明显对应关系，又有别于民事诉讼的规定，是行政诉讼上特有的规定。

　　行政诉讼有如下特殊规定：

- 提级管辖、集中管辖、特殊管辖、当事人申请改变管辖
- 规范性文件附带审查
- 原告资格、利害关系与保护规范理论
- 第三人
- 撤诉
- 缺席判决
- 行政诉讼程序
- 行政机关负责人出庭
- 一并解决民事争议
- 检察机关提起公益诉讼
- 对行政机关不履行生效判决、裁定和调解书的执行

（3）与民事诉讼相同或相近的规定。

对于与民事诉讼差不多的规定，在民事诉讼上已有详尽介绍，在行政诉讼上无须着墨太多。

行政诉讼有如下与民事诉讼相同或近似的规定：

- 独立行使审判权
- 诉讼双方当事人法律地位平等
- 合议、回避、公开审判和两审终审
- 使用少数民族语言
- 辩论原则
- 移送管辖、指定管辖、共同管辖、管辖权转移、裁定管辖
- 原告资格的转移和消灭
- 共同诉讼、代表人诉讼
- 诉讼代理人
- 证据种类
- 期间与送达
- 诉讼保全和先予执行

- 延期审理、诉讼终结、诉讼中止
- 诉讼程序，包括第一审程序、第二审程序、审判监督程序
- 回避
- 对妨碍诉讼的强制措施
- 行政裁定、行政决定
- 抗诉与检察建议
- 外国人法律地位
- 诉讼费用

在行政诉讼法教学中，一般只介绍或者重点介绍行政诉讼特有制度，包括行政诉讼法与行政法之间有对应关系的制度，以及尽管没有对应关系，却有别于民事诉讼的行政诉讼的特殊规定。至于那些和民事诉讼差不多的制度，尤其是诉讼法概念，比如起诉、上诉、举证责任、证据、管辖、诉讼、再审等等，一般都不作详细讲解，而是留给民事诉讼法课程解决。

1. 受案范围

行政诉讼的受案范围，又称"行政审判权范围""可诉行为范围"。行政诉讼法规定的受案范围，是从实践出发，归纳了常见的、对相对人权益影响较大的行政行为，并采用两个立法技术，处理对未来的开放性：一个是《行政诉讼法》（2017 年）第 12 条第 1 款第 12 项规定了兜底条款，也就是"认为行政机关侵犯其他人身权、财产权等合法权益的"；另一个是《行政诉讼法》（2017年）第 12 条第 2 款规定，可以通过法律、法规进一步规定"可以提起诉讼的其他行政案件"。

从行政审判实践看，《最高人民法院印发〈关于行政案件案由的暂行规定〉的通知》（法发〔2020〕44 号）规定的行政案件案

由，就是行政诉讼可以受理的各种行政行为种类，与《行政诉讼法》（2017 年）第 12 条列举的种类基本对应，又有所发展。关于可以受理的行政行为的种类，可与前述"行政行为的种类与分类"对照学习。

根据《行政诉讼法》（2017 年）第 13 条和《最高人民法院关于适用〈中华人民共和国行政诉讼法〉的解释》（法释〔2018〕1号）第 1 条第 2 款的规定，行政诉讼不受理的行为大致分为以下几类[①]：

（1）行政调解行为、仲裁行为。这类行为是对民事争议的居中处理，当事人不服的，可以提起民事诉讼。而且，仲裁行为具有独立性、最终性。[②]"排除行政调解和仲裁行为，是因为它们均属于存在'更容易途径'的情形，提起行政诉讼是无用或者无效率的。"[③]

（2）刑事侦查行为。虽然公安、国家安全机关属于行政机关，但其依照刑事诉讼法的明确授权实施的行为，不属于行政行为。

（3）国防、外交等国家行为。因为其政治敏感性，超出法院的宪法能力与制度能力。

（4）抽象行政行为。对于行政法规、行政规章、规范性文件，都不可以直接起诉。但是，对于其中的规范性文件可以要求附带审查。

[①] 《最高人民法院印发〈关于行政案件案由的暂行规定〉的通知》（法发〔2020〕44 号）。

[②] 江必新，梁凤云 . 行政诉讼法理论与实务 . 北京：北京大学出版社，2009：273-274.

[③] 谭炜杰 . 行政诉讼受案范围否定性列举之反思 . 行政法学研究，2015（1）：96.

（5）内部行为，比如，行政机关对行政机关工作人员的奖惩、任免等决定，行政机关作出的不产生外部法律效力的行为，行政机关为作出行政行为而实施的准备、论证、研究、层报、咨询等过程性行为，上级行政机关基于内部层级监督关系对下级行政机关作出的听取报告、执法检查、督促履责等行为。行政诉讼审查的行政行为均为外部行为。

（6）不符合行政行为"三性"特征的行为，比如行政指导行为、信访处理行为、重复处理行为、执行生效裁判行为，以及其他不产生实际影响的行为。这些行为都没有对相对人的权利义务作出法律上的处分，不具有法律效果。更进一步说，它们对公民、法人或者其他组织的权利义务不产生实际影响。

（7）法律规定由行政机关最终裁决的行政行为。

2. 行政协议及其审理

行政协议，也称行政契约、行政合同，是行政机关为了实现行政管理或者公共服务目标，与公民、法人或者其他组织协商订立的具有行政法上权利义务内容的协议。在理论上，根据行政性与合意性的比重，行政协议可以分为"假契约"、"纯粹契约"和"混合契约"①。当下，在行政诉讼中审理的基本上是"混合契约"，也就是合同之中混杂着行政关系和民事关系、行政约定和民事约定，比如，政府特许经营协议，土地、房屋等征收征用补偿协议，矿业权等国有自然资源使用权出让协议，政府投资的保障性住房的租赁、买卖等协议，具有行政约定的政府与社会资本

---

① 余凌云.行政契约论.3版.北京：清华大学出版社，2022：31.

合作协议，等等。

从理论上讲，行政协议是双方行为，只有双方合意一致才能发生法律效力。与民事合同一样，原则上行政协议的任何一方都可能成为原告或被告，在举证责任上也实行"谁主张，谁举证"，也存在着反诉，对协议纠纷的审查要实行双向审查，而不像审查单方行为那样只对行政机关的行政行为实行单向审查。

但是，行政协议中的行政关系或行政约定必须符合依法行政要求，应当对其实行合法性审查。行政机关行使行政优益权，比如单方变更、解除合同，以及行使行政权，比如减免税、批准或收回国有土地使用权，应当对其行为的合法性承担举证责任。

行政机关未依法履行、未按照约定履行行政协议的，人民法院可以依据《行政诉讼法》（2017 年）第 78 条的规定，结合原告的诉讼请求，判决行政机关承担继续履行、采取补救措施或者赔偿损失等责任。行政机关变更、解除行政协议合法，但未依法给予补偿的，人民法院可以判决给予补偿。

3. 规范性文件附带审查

行政复议法和行政诉讼法都规定，当事人在要求对行政行为审查的同时，可以一并要求对行政行为所依据的规范性文件进行附带审查。规范性文件是国务院部门和地方人民政府及其部门制定的文件或规定，不含规章。首先，规范性文件不具有可诉性，不属于行政诉讼受案范围。"规范性文件附带审查作为一个诉讼请求提出，而不是作为一个诉讼案件提出。"附带审查的前提必须是"行政机关依据该规范性文件作出的行政行为应当属于行政诉讼受案范围"①。对于违法的规范性文件，法院也无必要在判决主文中直接判决确认违法或者撤销，只在判决理由中阐释即可。其次，附带审查是对法律适用的判断，目的是判断规范性文件是否可以作为行政行为的依据，对行政行为的合法性起到说明理由的作用。因此，对规范性文件的审查标准不同于对行政行为的审查标准。

对规范性文件的附带审查大致包括提起、期限、审查对象、审查标准、处理方式、程序等内容。行政复议和行政诉讼中有关规范性文件附带审查的规定如表8-1所示。

表8-1　行政复议和行政诉讼中规范性文件附带审查的相关规定

审查内容	行政复议	行政诉讼
提起	可以附带审查，也可以主动处理	附带审查
期限	申请复议同时提出，也可以在复议决定作出之前提出	起诉时一并提出，也可以在一审开庭审理前或者法庭调查中提出
审查对象	—	一是行政行为依据的具体条款以及相关条款，二是规范性文件制定程序以及制定权限
审查标准	是否合法	一是规范性文件制定是否合法，包括制定机关是否越权、制定程序是否违法；二是具体条款是否合法，包括是否与上位法抵触，是否违法增设义务或减损权利，是否存在其他违法情形
处理方式	—	合法的，作为依据；不合法的，不是依据。在裁判理由中阐明，不写入判决主文

---

① 程琥．新《行政诉讼法》中规范性文件附带审查制度研究．法律适用，2015（7）：90.

续表

审查内容	行政复议	行政诉讼
程序	由有权机关处理	一是听取制定机关意见之后作出判断。二是对于违法的规范性文件，建议制定机关修改或废止，制定机关要书面回复。三是履行报送程序，包括报送制定机关的领导机关、监察机关以及备案机关，同时报送上级人民法院等

"安徽华源医药股份有限公司诉国家工商行政管理总局商标局等商标行政纠纷案"，是《行政诉讼法》（2014 年）实施之后，首例涉及国家部委规范性文件合法性审查的案件，也是全国首例由人民法院审判委员会全体委员直接公开开庭审理的案件。

2013 年 1 月 4 日，安徽华源医药股份有限公司向商标局申请注册"华源医药"商标。同年 1 月 11 日和 1 月 28 日，健一网公司和易心堂公司也分别向商标局提出由中文"华源"构成的引证商标的注册申请。

商标局制定的《关于申请注册新增零售或批发服务商标有关事项的通知》（2013 年）第 4 条规定：在同一个月内，在相同或类似新增服务项目上提出的注册申请，均"视为同一天"的过渡期。在"同一天"于类似服务上申请注册的两个商标构成近似且均未使用，各方当事人自行协商，保留一方申请，若协商不成，抽签确定。因此，商标局作出"商标注册同日申请协商通知书"。

安徽华源医药股份有限公司认为，商标局的上述决定违反了《商标法》（2013 年）第 31 条的规定[①]，请求法院对所依据的规范

---

① 《商标法》（2013 年）第 31 条规定："两个或者两个以上的商标注册申请人，在同一种商品或者类似商品上，以相同或者近似的商标申请注册的，初步审定并公告申请在先的商标；同一天申请的，初步审定并公告使用在先的商标，驳回其他人的申请，不予公告。"

性文件一并附带审查。北京知识产权法院审判委员会认为：《商标法》（2013年）第31条规定的"同一天"是指"同一个自然日"，若因新情况需要对"同一天"赋予新的特殊含义，依法应当由法定的立法机关作出解释。而商标局对过渡期的规定将"同一个月""视为同一天"，实质上是对"同一天"进行了重新定义，该项规定已超越了其法定权限。[①]

4. 管　辖

管辖其实是法院内部的工作分工，既要考虑案件负担量均衡，也要考虑便民，以及防止行政机关干预。管辖主要解决一审案件由哪个法院审理的问题。行政诉讼管辖的有关内容与民事诉讼管辖的内容大同小异，比如指定管辖、共同管辖、移送管辖、裁定管辖、管辖权转移等，原理也基本相同。

行政诉讼中管辖的一些特殊规定包括：

（1）级别管辖中的提级管辖。

级别管辖就是对第一审案件根据案件是否在本辖区重大、复杂的标准，在四级人民法院之间的分配。

提级管辖是《行政诉讼法》（2014年）的一个重大修改，不服县级以上地方人民政府所作的行政行为而提起诉讼的案件的一审不再由基层人民法院管辖，而是直接由中级人民法院管辖。以县级以上地方人民政府为被告的案件主要是涉及土地、林地、矿藏

---

① 首例涉及对国家部委规范性文件合法性审查案件宣判 北京知产法院认定商标局相关文件规定不合法．（2015-12-09）［2022-05-28］．http://dqkfq.hljcourt.gov.cn/public/detail.php? id=12710；刘欢．首例部委文件合法性案宣判．（2015-12-09）［2022-05-28］．https：//china.huanqiu.com/article/9CaKrnJS7oe.

等所有权和使用权争议的案件，以及征收征用土地及安置补偿案件等，这类案件一般在当地影响较大，案件相对复杂，易受当地政府干预。规定这类案件由中级人民法院管辖，有助于人民法院排除干扰，公正审判。①2021 年 9 月，最高人民法院又将一些简单案件放回基层人民法院管辖。②

（2）地域管辖中的特殊管辖、集中管辖。

行政诉讼中的地域管辖与民事诉讼中的地域管辖差不多，也是"原告就被告"，行政案件由最初作出行政行为的行政机关所在地人民法院管辖，也就是由被告所在地人民法院管辖。

适用特殊管辖的案件包括：第一，经复议的案件，复议机关改变或者维持原行政行为的，也作为被告或共同被告，因此，也可以由复议机关所在地人民法院管辖。这本质上还是"原告就被告"。但原告多了一种管辖选择。第二，对限制人身自由的行政强制措施不服的，包括对行政机关基于同一事实，既采取限制公民人身自由的行政强制措施，又采取其他行政强制措施或者行政处罚不服的，有关诉讼可以由被告所在地或者原告所在地人民法院管辖。允许当事人选择管辖法院，是为了更好地保护被限制人身自由的当事人的合法权益。

集中管辖，也称跨行政区域管辖，是指经最高人民法院批准，高级人民法院可以根据审判工作的实际情况，确定若干人民法院

---

① 全国人大常委会法制工作委员会行政法室. 中华人民共和国行政诉讼法解读. 北京：中国法制出版社，2014：52.

② 《最高人民法院关于印发〈关于完善四级法院审级职能定位改革试点的实施办法〉的通知》（法〔2021〕242 号）第 2 条规定："下列以县级、地市级人民政府为被告的第一审行政案件，由基层人民法院管辖：（一）政府信息公开案件；（二）不履行法定职责的案件；（三）行政复议机关不予受理或者程序性驳回复议申请的案件；（四）土地、山林等自然资源权属争议行政裁决案件。"

跨行政区域管辖行政案件。这也是未来行政法院的雏形。通过集中管辖，可以"实现行政管理区域与司法管辖区域的适当分离"，"排除各地政府对行政审判的干预"，"确保人民法院依法独立公正行使行政审判权"①。

（3）当事人申请改变管辖。

当事人申请改变管辖，是指当事人以案件重大、复杂为由，认为有管辖权的基层人民法院不宜行使管辖权，或者有管辖权的基层人民法院既不立案，又不作出不予立案裁定，向中级人民法院起诉的，中级人民法院应当决定自行审理，或者指定本辖区其他基层人民法院管辖，或者书面告知当事人向有管辖权的基层人民法院起诉。

5. 诉讼参加人

行政行为公定力决定了行政诉讼原告、被告恒定。作出行政行为的行政机关是被告，与行政行为有利害关系的相对人是原告。从《行政复议法》（2023 年）和《行政诉讼法》（2017 年）的有关规定看，"行政复议和行政诉讼的当事人认定标准应当是一以贯之的"②。

（1）原告。

首先，行政行为直接作用的对象，或者说，决定的对象，因为与行政行为有利害关系，肯定可以作为原告。其次，运用当下风行的保护规范理论分析，行政机关作出行政行为所依据的法规范之中，可以推出具有保护第三人利益的内容的，与行政行为有

---

① 郭修江. 行政诉讼集中管辖问题研究：《关于开展行政案件相对集中管辖试点工作的通知》的理解与实践. 法律适用，2014（5）：3-4.

② 王青斌. 行政诉讼被告认定标准的反思与重构. 法商研究，2018（5）：74.

利害关系的第三人也可以作为原告。

是否有原告资格，关键是看是否与行政行为有利害关系。在"刘某明诉张家港市人民政府行政复议案"①中，最高人民法院指出："所谓'利害关系'仍应限于法律上的利害关系，不宜包括反射性利益受到影响的公民、法人或者其他组织。同时，行政诉讼乃公法上之诉讼，上述法律上的利害关系，一般也仅指公法上的利害关系；除特殊情形或法律另有规定，一般不包括私法上的利害关系。""只有主观公权利，即公法领域权利和利益，受到行政行为影响，存在受到损害的可能性的当事人，才与行政行为具有法律上利害关系，才形成了行政法上权利义务关系，才具有原告主体资格（原告适格），才有资格提起行政诉讼。""公法（行政法）上利害关系的判断，同样较为复杂。原告主体资格问题与司法体制、法治状况和公民意识等因素密切相关，且判断是否具备原告主体资格的标准多重，并呈逐渐扩大和与时俱进态势。其中，保护规范理论或者说保护规范标准，将法律规范保护的权益与请求权基础相结合，具有较强的实践指导价值。即以行政机关作出行政行为时所依据的行政实体法和所适用的行政实体法律规范体

---

① 2015年11月24日，张家港市发展和改革委员会向江苏金沙洲旅游投资发展有限公司作出张发改许备（2015）823号《关于江苏金沙洲旅游投资发展有限公司金沙洲生态农业旅游观光项目备案的通知》（以下简称"823号通知"）。刘某明于2016年1月通过信息公开的方式取得了上述通知，他认为该通知将其拥有承包经营权的土地纳入其中，该通知存在重大违法情形，遂向张家港市人民政府提起行政复议，要求确认823号通知违法并予以撤销。张家港市人民政府经审查认为，刘某明与823号通知不具有利害关系，遂于2016年3月21日作出（2016）张行复第2号驳回行政复议申请决定。刘某明不服，向一审人民法院提起行政诉讼。一审人民法院以被告作出驳回行政复议申请决定符合法律规定为由，判决驳回刘某明的诉讼请求。在二审人民法院以与一审人民法院基本相同的事实和理由驳回其上诉，维持原判之后，刘某明向最高人民法院申请再审。参见最高人民法院（2017）最高法行申169号行政裁定书。

系，是否要求行政机关考虑、尊重和保护原告诉请保护的权利或法律上的利益，作为判断是否存在公法上利害关系的重要标准。实践中，对行政实体法某一法条或者数个法条保护的权益范围的界定，不宜单纯以法条规定的文意为限，以免孤立、割裂地'只见树木不见森林'，而应坚持从整体进行判断，强调'适用一个法条，就是在运用整部法典'。在依据法条判断是否具有利害关系存有歧义时，可参酌整个行政实体法律规范体系、行政实体法的立法宗旨以及作出被诉行政行为的目的、内容和性质进行判断，以便能够承认更多的值得保护且需要保护的利益，属于法律保护的利益，从而认可当事人与行政行为存在法律上的利害关系，并承认其原告主体资格，以更大程度地监督行政机关依法行政。但需要强调的是，个案中对法律上利害关系，尤其是行政法上利害关系或者说行政法上权利义务关系的扩张解释，仍不得不兼顾司法体制、司法能力和司法资源的限制；将行政实体规范未明确需要保护，但又的确值得保护且需要保护的权益，扩张解释为法律上保护的权益，仍应限定于通过语义解释法、体系解释法、历史解释法、立法意图解释法和法理解释法等法律解释方法能够扩张的范围为宜。"就本案而言，"并无任何条文要求发展改革部门必须保护或者考量项目用地范围内的土地使用权人权益保障问题，相关立法宗旨也不可能要求必须考虑类似于刘某明等个别人的土地承包经营权的保障问题。发展改革部门在作出项目审批行为时，也就无需审查项目用地范围内的征地拆迁、补偿安置等事宜，无需考虑项目用地范围内单个土地、房屋等权利人的土地使用权和房屋所有权的保护问题。因此，项目建设涉及的土地使用权人或房屋所有权人与项目审批行为不具有利害关系，也不具有行政法上的权利义务关系，其以项目审批行为侵犯其土地使用权或者房屋所有权为由，申请行政复议或者提起行政诉讼，并不具有申请人或者原告主体资格"。

（2）被告。

如前所述，行政主体就是行政诉讼被告。简单地讲，对于被诉的行政行为，哪个行政机关或组织在法律上有权径行纠正其中的违法行为，不必拐弯抹角、假手于人，凭一己之力就能够最有成效地、不折不扣地执行法院的裁判，哪个行政机关或组织就是行政诉讼被告。

比如，《治安管理处罚法》（2012年）第91条规定："治安管理处罚由县级以上人民政府公安机关决定；其中警告、五百元以下的罚款可以由公安派出所决定。"行政拘留决定名义上是区公安分局作出的，但公安派出所是实际"操盘手"。公安派出所负责调查取证，拿出初步意见，经区公安分局法制审核，加盖分局章，送达当事人。当事人不服，假如以公安派出所为被告提起行政诉讼，千辛万苦打赢官司，法院判决撤销重作，该判决仅拘束被告公安派出所。如果区公安分局拒绝重作，因为法院判决对其没有拘束力，法院、当事人对它也无可奈何、无计可施。公安派出所也处境尴尬，它受判决拘束，却无法兑现判决。即便重作，区公安分局不批准、不盖章，也是枉然。因此，在行政诉讼上，被告必须是行政主体。行政主体在法律上有权以自己的名义实施行政行为，又能够以自己的名义承担责任。由行政主体来当行政诉讼被告，能够有效地执行法院的判决。

行政主体的种类、内设机构、派出机构，以及与行政诉讼被告的各种对应关系，已如前述。

复议机关作为被告，较为特殊。行政复议是行政机关内部层级监督，是上级机关通过"二次决定"来纠正下级机关的决定。对复议机关决定不服，提起行政诉讼的，在三种情形下，复议机关可以作为被告：一是起诉复议机关不作为的，复议机关是被告。复议机关不作为包括不予受理和程序性驳回复议申请。二是复议机关改变原行政行为的，复议机关是被告。"复议机关改变原行政行为"，是指复议机关改变原行政行为的处理结果，包括撤销、变更、确认无效、确认违法。三是复议机关决定维持原行政行为的，作出原行政行为的行政机关和复议机关是共同被告，俗称"双被告"。此情形具体包括：第一，行政复议机关明确作出维持原行政行为决定。第二，复议机关改变原行政行为所认定的主要事实和证据，改变原行政行为所适用的规范依据，但未改变原行政行为处理结果的，视为复议机关维持原行政行为。比如，实体上驳回复议申请①，仅以违反法定程序为由确认原行政行为违法。

比如，在"再审申请人余某蓉与重庆市人民政府信息公开行政复议案"②中，最高人民法院认为："本案中，重庆市政府作出本案被诉渝府复〔2017〕219 号《行政复议决定书》，以第三人沙坪坝区政府超过 15 个工作日的法定答复期限为由，确认沙坪坝区政府 2017 年 3 月 3 日对余某蓉作出沙公开〔2017〕15 号《政府信息公开告知书》程序违法，但并未改变该原行政行为的处理结果，依据上述规定，此属于行政诉讼法第二十六条第二款规定的'复议机关决定维持原行政行为'情形，余某蓉应当以沙坪坝区政府

---

① 《最高人民法院印发〈关于行政案件案由的暂行规定〉的通知》（法发〔2020〕44 号）。

② 最高人民法院（2018）最高法行申 1261 号行政裁定书。

和重庆市政府为共同被告提起诉讼，人民法院亦应依据上述规定对本案进行受理并审判。"

（3）第三人。

第三人有两种：一种是有原告资格，却不愿作为原告提起诉讼的；另一种是没有原告资格，但同案件处理结果有利害关系的。第三人可以申请或者由法院通知参与诉讼，这"有利于进一步获取证据了解案情，作出公正判决避免不良后果，同时可以实现诉的合并，简化诉讼程序，节约了时间和诉讼费用，防止新的诉讼带来的人力和物力的浪费"[1]。第三人"享有委托诉讼代理人、申请回避、提供证据、参阅诉讼材料、提出自己的诉讼主张、进行辩论、陈述和请求法院执行判决等诉讼权利，并应履行依法行使诉讼权利、遵守诉讼秩序等义务"[2]。

（4）诉讼代理人，代表人诉讼、共同诉讼。

行政诉讼法中与此相关的规定与民事诉讼法的规定差不多。

6. 证据及规则

（1）被告的举证责任。

抛开行政协议较为特殊，姑且不论，行政诉讼之所以要求行政机关对行政行为负有举证责任，并达到说服程度（也称"说服责任"），主要是因为在行政执法中，一般是行政机关积极主动地"主张权利"，主动查究当事人的违法行为，调查取证，指证当事人的行为构成违法，作出处理决定。按照"谁主张，谁举证"的

---

① 阎铁毅．行政诉讼第三人类型与民事诉讼第三人类型的区别．当代法学，2002（5）：156．

② 马怀德，解志勇．行政诉讼第三人研究．法律科学，2000（3）：51．

要求，在行政诉讼中，也应当由行政机关对行政行为承担举证责任。行政机关如果不能向法官充分证明行政行为是合法有效的，就要承担败诉风险。

也就是说，行政执法证据、举证与行政诉讼证据、举证之间有着明显对应关系。"要确定行政诉讼中的主张者，必须把行政诉讼和行政程序联系起来，不能孤立从诉讼这个环节来判断谁是主张者。""只有积极的主张者才承担举证责任。"①

法官对行政行为的审查，实际上就是将行政执法过程"冻结"，在行政诉讼的审查中重新"回放"，洞察其中是否存在违法。②根据"冻结"理论，第一，行政机关作出行政行为，必须先取证后裁决。行政机关接到起诉书之后，应当及时提供已经获取的有关证据和规范性文件。为了督促行政机关尽快提交所有证据，不影响庭审，行政诉讼法还规定，不提供或者无正当理由逾期提供证据的，视为没有相应证据。第二，在诉讼过程中，禁止行政机关自行向原告、第三人和证人收集证据。既然已经"冻结"了业已获取的证据，就不允许继续添加证据，否则，无法审查当初的行政行为是否合法。第三，行政机关在作出行政行为时已经收集了证据，但因不可抗力等正当事由不能提供的，经人民法院准许，可以延期提供。这些已有证据实际上也已被"冻结"，不算新添的证据。

当然，也有例外，原告或者第三人提出了其在行政处理程序中没有提出的理由或者证据的，经人民法院准许，行政机关可以

---

① 江必新．适用《关于行政诉讼证据若干问题的规定》应当注意的问题．法律适用，2003（10）：14．

② 余凌云，周云川．对行政诉讼举证责任分配理论的再思考．中国人民大学学报，2001（4）：96-98．

补充证据。这是为了诉讼经济，实质化解纠纷。另外，考虑到"如果第三人依赖于行政机关但行政机关怠于履行举证责任时，第三人权益就难以实现"[①]，对于被诉行政行为涉及第三人合法权益，行政机关逾期不提供或无法提供证据的，允许第三人提供证据。

（2）原告的举证责任。

诉讼是一来二往的过程，举证责任在原告、被告之间来回推动，直至一方推不动为止，法院则会判决该方败诉。行政诉讼尽管是单向性结构，法院单向审查行政行为的合法性，但也不能完全免除原告的举证责任。否则，不成其为诉讼。原告要承担推进责任，"只需要证明对被诉行政行为的合法性存在争议，无须对该行政行为的违法性承担说服责任"[②]，这主要体现为：

第一，原告可以提供证明行政行为违法的证据。原告提供的证据不成立的，不免除被告的举证责任。

第二，在起诉被告不履行法定职责的案件中，原告应当提供其向被告曾经提出申请的证据。但是，被告应当依职权主动履行法定职责的，或者原告因正当理由不能提供证据的，原告可以免于提交。

第三，在行政赔偿、补偿的案件中，因为举证便利，原告应当对行政行为造成的损害提供证据。但是，有两个例外，也就是实行"举证责任倒置"：一是在赔偿义务机关采取行政拘留或者限制人身自由的强制措施期间，被限制人身自由的人死亡或者丧失行为能力的，对于赔偿义务机关的行为与被限制人身自由的人的

---

① 李大勇．行政诉讼证明责任分配：从被告举证到多元主体分担．证据科学，2018（3）：267.

② 于长苓．行政诉讼证据制度若干问题研究．法律适用，2012（2）：24.

死亡或者丧失行为能力是否存在因果关系，赔偿义务机关应当提供证据。二是因被告的原因，原告无法举证的，由被告承担举证责任。

比如，在最高人民法院指导案例 91 号"沙某保等诉马鞍山市花山区人民政府房屋强制拆除行政赔偿案"①中，马鞍山市花山区人民政府在违法强拆过程中，"未依法对屋内物品登记保全，未制作物品清单并交上诉人签字确认"，致使上诉人沙某保无法对物品受损情况举证，故该损失是否存在、具体损失情况等，依法应由马鞍山市花山区人民政府承担举证责任。安徽省高级人民法院认为："上诉人主张的屋内物品 5 万元包括衣物、家具、家电、手机等，均系日常生活必需品，符合一般家庭实际情况，且被上诉人亦未提供证据证明这些物品不存在，故对上诉人主张的屋内物品种类、数量及价值应予认定。"但是，"上诉人主张实木雕花床价值为 5 万元，已超出市场正常价格范围，其又不能确定该床的材质、形成时间、与普通实木雕花床有何不同等，法院不予支持。但出于最大限度保护被侵权人的合法权益考虑，结合目前普通实木雕花床的市场价格，按'就高不就低'的原则，综合酌定该实木雕花床价值为 3 万元"。

（3）法院调取证据。

行政诉讼采取辩论原则，法院应不偏不倚，原则上不主动依职权调取证据，更不可以为证明行政行为的合法性，主动调取被告作出行政行为之际并未收集的证据。但是，当事人收集证据有困难，不能自行收集的，可以申请人民法院调取，具体情形包括：

---

① 安徽省高级人民法院（2015）皖行赔终字第 00011 号行政判决书。

第一，由国家机关保存而须由人民法院调取的证据；第二，涉及国家秘密、商业秘密和个人隐私的证据；第三，确因客观原因当事人不能自行收集的其他证据。

7. 法律适用

行政法的法律渊源，也称法源，与行政执法、行政诉讼中的法律适用有着密切关系。行政机关适用法律是"第一次"适用，人民法院适用法律为"第二次"适用。[①] 只不过行政机关援引适用的法规范，对于人民法院的拘束力是不一样的。简而言之，根据《行政诉讼法》和《立法法》的有关规定，人民法院审理行政案件，依据法律、行政法规、地方性法规、自治条例和单行条例，参照规章。

（1）依据。

依据就是人民法院必须直接适用，不能审查。能够成为"依据"的法规范包括法律、行政法规、地方性法规、自治条例和单行条例。全国人大常委会的法律解释，国务院或者国务院授权的部门公布的行政法规解释，人民法院作为审理行政案件的法律依据。按照各自机理，"依据"的法规范分为两种：

一是法律、地方性法规、自治条例和单行条例。法律是由全国人大及其常委会制定的。地方性法规是由省、自治区、直辖市和设区的市、自治州的人大及其常委会制定的。民族自治地方的人民代表大会可以制定自治条例和单行条例。这些都是人民法院行政审判的依据。在人民代表大会制度下，人民法院由人民代表大会产生，并对其负责。人大及其常委会制定的法律、地方性法

---

① 刘莘. 关于行政诉讼法律适用制度修改的思考. 苏州大学学报（哲学社会科学版），2012（1）：67.

规，人民法院必须作为审判依据。但是，地方性法规、自治条例和单行条例仅在特定地域范围内有效，地方性法规适用于本行政区域内发生的行政案件，自治条例和单行条例适用于本民族自治地方的行政案件。

二是行政法规。行政法规是由国务院制定的。行政法规之所以也可以拘束人民法院，一方面是因为不少领域的立法仅有行政法规，没有法律，比如《政府信息公开条例》，不以此为依据，对信息公开的合法性审查也就无从谈起。另一方面是因为国务院是最高国家行政机关，是中央人民政府，把握行政管理的大政方针，进行宏观管理。

（2）参照。

参照就是人民法院不受其拘束。其只有经过人民法院审查，不违反上位法，或者不与上位法抵触，才可以作为行政行为的依据。规章、规范性文件都是参照适用。"规章制定机关作出的与规章具有同等效力的规章解释，人民法院审理行政案件时参照适用。"

对于"参照"的法规范，"法院可以直接决定与上位法相违背的法文件不予适用"，但法官应当有明确依据和确切把握，比如，明显违反了行政处罚法、行政许可法、行政强制法有关设定的规定。法规范相互冲突的，"法院不能自己决定适用哪一个，而要转送有权解释机关进行解释，明确该当适用哪个法文件后，法院才可以适用该法文件"①。

规章包括部门规章和地方政府规章。部门规章是国务院各部、委员会，中国人民银行，审计署和具有行政管理职能的直属机构，

---

① 刘莘. 关于行政诉讼法律适用制度修改的思考. 苏州大学学报（哲学社会科学版），2012（1）：70.

根据法律和国务院的行政法规、决定、命令，在本部门的权限范围内制定的。地方政府规章是省、自治区、直辖市和设区的市、自治州的人民政府，根据法律、行政法规和本省、自治区、直辖市的地方性法规制定的。

在人民代表大会制度下，政府和法院都由人民代表大会产生，并对其负责。政府与法院各司其职，互不隶属。法院通过行政诉讼监督行政机关依法行政。政府制定的规章对法院没有拘束力。人民法院在参照规章时，应当对规章的规定是否合法有效进行判断，对于合法有效的规章应当适用。否则，如果将规章作为人民法院的审判依据，"就混淆了国家立法权、行政权和审判权之间的界限"，而且，如果审查政府的行政行为是否合法，以政府自己制定的规章为依据，"国家通过审判对行政活动进行监督和制约就成了空话"①。

规范性文件"不是正式的法律渊源，对人民法院不具有法律规范意义上的约束力"②。对于规范性文件，人民法院可以附带审查，已如前述。

8. 诉讼程序

诉讼程序包括起诉与受理、第一审程序、第二审程序、审判监督程序。行政诉讼程序与民事诉讼程序大致相同。但是，诉讼不停止执行、实行调解、一并审理民事争议、行政机关负责人出庭应诉等都有别于民事诉讼，是行政诉讼的特有制度。

---

① 孟宪飞．行政诉讼中的法律适用．法学研究，1989（6）：14.

② 《最高人民法院关于印发〈关于审理行政案件适用法律规范问题的座谈会纪要〉的通知》（法〔2004〕96号）。

（1）起诉与受理。

起诉主要包括起诉期限和起诉条件。行政诉讼的起诉期限如表8-2所示。

表8-2　行政诉讼的起诉期限

起诉情形	期限	
直接起诉	应当自知道或者应当知道作出行政行为之日起6个月内提出	因不动产提起诉讼的案件自行政行为作出之日起不得超过20年，其他案件自行政行为作出之日起不得超过5年
经过复议之后起诉	收到复议决定书之日起15日内提出；复议机关不作为的，自复议期满之日起15日内提出	
对行政不作为的起诉	行政机关在接到申请之日起2个月内不履行的，自上述期限届满之日起6个月内提出；情况紧急的，可以立即起诉	

行政诉讼起诉的条件包括：第一，原告适格。第二，有明确的被告。第三，有具体的诉讼请求和事实根据。第四，属于人民法院受案范围和受诉人民法院管辖。

人民法院对于符合起诉条件的，实行立案登记。当场不能判定是否符合起诉条件的，人民法院应当接收起诉状，并在7日内决定是否立案；仍不能作出判断的，应当先予立案。

对不符合起诉条件的，人民法院作出不予立案的裁定。原告不服的，可以上诉。

人民法院既不立案，又不作出不予立案裁定的，当事人可以向上一级人民法院起诉。上一级人民法院认为符合起诉条件的，应当立案、审理，也可以指定其他下级人民法院立案、审理。

（2）第一审程序。

第一审程序包括普通程序和简易程序。

简易程序的适用条件是：第一，人民法院审理第一审行政案件，认为事实清楚、权利义务关系明确、争议不大。第二，适用于以下案件：一是被诉行政行为是依法当场作出的；二是案件涉及款额 2 000 元以下的；三是属于政府信息公开案件的；四是当事人各方同意的其他第一审行政案件。发回重审、按照审判监督程序再审的案件不适用简易程序。

适用简易程序审理的行政案件，由审判员一人独任审理，并应当在立案之日起 45 日内审结。

一审程序包括组成合议庭、交换诉状、庭审、审理方式、审理期限等，行政诉讼一审程序与民事诉讼一审程序流程大致相同，很多制度也相同，比如回避、先予执行、对妨碍诉讼的强制措施等。

（3）第二审程序。

第二审程序，也称上诉程序。除行政诉讼法的特殊规定之外，其余行政诉讼第二审程序的规定与民事诉讼第二审程序的规定大致相同。

（4）审判监督程序。

审判监督程序，也称再审程序。行政诉讼审判监督程序的规定与民事诉讼审判监督程序的规定也大致相同。

9. 行政机关负责人出庭应诉

行政机关负责人出庭应诉是我国行政诉讼法的一大特色，汲取了信访的优点。"民告官，民应当见到官"，官又有权拍板解决问题。"如果只是由行政机关的一般工作人员出庭，往往也会给人以'当家的不理事，理事的不当家'之印象。"① 当然，出庭应诉也可以培养和提高行政机关负责人的法治意识以及依法行政能力。

第一，被诉行政机关负责人应当出庭应诉。对于涉及重大公共利益、社会高度关注或者可能引发群体性事件等的案件，以及人民法院书面建议行政机关负责人出庭的案件，被诉行政机关负责人应当出庭。

第二，行政机关负责人包括行政机关的正职、副职负责人以及其他参与分管工作的负责人。但是，出庭应诉的负责人必须是分管涉案行政行为的领导，发现行政行为违法，有权拍板纠正。

第三，行政机关负责人有正当理由不能出庭应诉的，应当向人民法院提交情况说明，并委托行政机关相应的工作人员出庭。

第四，行政机关负责人和行政机关相应的工作人员均不出庭，仅委托律师出庭的，或者人民法院书面建议行政机关负责人出庭应诉，行政机关负责人不出庭应诉的，不发生阻止案件审理的效果。但是，人民法院应当将行政机关负责人不出庭记录在案并在裁判文书中载明，还可以向监察机关、上一级行政机关提出司法建议。

10. 调　解

"中国人的传统观念是：把官司打到法院去，这就意味着和行政机关撕破脸了，今后还要长期和行政机关在一起发生关系，以

---

① 黄学贤．行政首长出庭应诉的机理分析与机制构建．法治研究，2012（10）：20.

和为上，最好都在行政系统内解决，而解决的方法更希望是通过和解、调解。和为贵，对行政机关来说，能通过和解、调解，化解矛盾、维护社会稳定，是各级政府都追求的目标。"①但是，根据依法行政要求，行政机关没有自行处分权力的自由，行政机关既是在行使行政权力，也是在履行职责，两者密不可分。因此，人民法院审理行政案件，不适用调解。

但是，在行政赔偿、行政补偿上，以及对于行政机关行使法律、法规规定的自由裁量权的案件，还是可以调解的。因为行政赔偿和补偿只涉及国库支出，不会对法秩序造成多大冲击，而且案件情节各异，赔偿和补偿无法完全量化、格式化、标准化，因此，允许就赔偿、补偿的方式、项目和数额进行协商，人民法院有调解的空间。行政自由裁量权在行使过程中出现不当，行政机关也可以通过考虑或者着重考虑相关因素来作出双方都能够接受的决定。

行政诉讼中的调解，与民事诉讼中的调解不同，行政机关不能自由处分行政权力，只能在严格依法行政基础上实现双方的和解，不能出卖行政权力，不能放弃法定职责。因此，行政诉讼中的调解，尽管采用了与民事诉讼法基本一样的表述，"应当遵循自愿、合法原则，不得损害国家利益、社会公共利益和他人合法权益"，但是，其中内涵不尽相同。

11. 一并解决民事争议

有不少行政行为与民事关系有着密切关系：要么是允许当事

---

① 应松年. 对《行政复议法》修改的意见. 行政法学研究，2019（2）：8.

人从事某种活动、具有市场主体资格，比如行政许可；要么是对民事关系进行确认，比如行政登记；要么是对民事争议作出裁决，比如行政裁决；要么涉及民事财产的征收征用，比如行政征收征用。民事争议与行政争议在内容上具有关联性，在处理结果上互为条件、互为因果或各不影响。

以往，"桥归桥、路归路"，民事争议、行政争议各自循不同诉讼途径解决，只不过在次序上"先行后民"、"先民后行"或者"各自为战"。但是，不同法院分别审理，民事诉讼与行政诉讼分头进行，会将一个简单案件的审理变得异常复杂烦琐。

"高某善诉焦作市影视器材公司房产纠纷案"①就是一个典型案例。该案案情其实不复杂，"争议双方当事人谁对房屋拥有所有权这个民事争议是基础问题，是该案件的焦点。只有解决了这一基础问题，房管局发放房证的对象是否正确这一行政诉讼需要解决的问题才能得以解决。然而，房管局发放房证的行政行为是否合法又影响到高某善所诉的焦作市影视器材公司的民事侵权是否成立的问题"。"由于行政行为的介入，使得民事争议复杂化，'并不是一个案情非常复杂的案子'，却经历了且仍在经历着'确实非同一般'的诉讼过程。""各方当事人分别进行民事诉讼和行政诉讼，从山阳区人民法院到河南省高级人民法院，三级法院审理了10余年，已先后作出20余份裁判文书。"②

为了提高诉讼效率，防止民事审判与行政审判之间的冲突，仿效刑事诉讼附带民事诉讼，在涉及行政许可、登记、征收、征

---

① 河南省高级人民法院（2010）豫法民再字第 00041 号民事判决书。

② 杨建顺. 行政、民事争议交叉案件审理机制的困境与对策. 法律适用，2009（5）：2.

用和行政机关对民事争议所作的裁决的行政诉讼中，当事人申请一并解决相关民事争议的，人民法院可以一并审理。

（1）民事争议双方必须明示同意，因为涉及民事诉讼管辖的改变。但是，对于双方同意改变民事诉讼管辖也是有限制的。以下情形不得一并审查：第一，违反民事诉讼法专属管辖规定或者协议管辖约定的；第二，约定仲裁或者已经提起民事诉讼的；第三，法律规定应当由行政机关先行处理的；第四，其他不宜一并审查的。

（2）应当在第一审开庭审理前提出。有正当理由的，也可以在法庭调查中提出。人民法院在审理行政案件中发现民事争议为解决行政争议的基础的，人民法院也可以主动告知当事人可以申请一并审理。

（3）无论是行政争议，还是民事争议，都由同一个审判组织审理，可以由民事法官和行政法官组成一个合议庭。

（4）民事争议要单独立案，行政裁决案件一并审理民事争议的，无须另行单独立案。"主要原因在于，行政裁决案件中，被诉行政行为处理的就是民事争议当事人之间的民事纠纷，行政机关对民事争议处理是否合法公正，就是被诉行政行为合法公正与否的全部内容，两者完全重合。"[1]

（5）行政争议和民事争议应当并案审理。行政争议的审理，适用行政法，依据行政诉讼程序。民事争议的审理，适用民法，依据民事诉讼程序。

（6）对行政争议和民事争议应当同时分别裁判。

---

[1] 郭修江．一并审理民行争议案件的审判规则：对修改后《行政诉讼法》第六十一条的理解．法律适用，2016（1）：77．

（7）当事人仅对行政裁判或者民事裁判提出上诉的，未被上诉的裁判在上诉期满后即发生法律效力。第一审人民法院应当将全部案卷一并移送第二审人民法院，由行政审判庭审理。第二审人民法院发现未上诉的生效裁判确有错误的，应当按照审判监督程序再审。

（8）行政案件、民事案件按照各自标准分别收取诉讼费用。

12. 行政裁定、决定和判决

行政裁定是人民法院对程序问题作出的决定。关于裁定，行政诉讼法与民事诉讼法规定的精神大致相同，裁定种类也差不多，大致分为两类：一类是允许上诉的裁定，包括不予受理裁定、驳回起诉裁定、管辖权异议裁定。另一类是不允许上诉的裁定，比如终止诉讼裁定、中止诉讼裁定。

行政决定是人民法院对某些特殊事项的处理，比如回避决定、对妨碍诉讼行为采用强制措施的决定等。关于决定，行政诉讼法与民事诉讼法规定的相关内容基本相同。

行政判决包括一审判决和二审判决。行政诉讼法规定的二审判决与民事诉讼法规定的也差不多，主要包括维持原判、改判、发回重审。一审判决是一审法院对实体问题作出的决定，分为驳回诉讼请求判决、确认违法判决、确认无效判决、撤销判决、变更判决、责令履行判决、给付判决、责令赔偿判决、行政协议责任判决。

一审判决中，除行政协议责任判决是特意为行政协议纠纷量身定做的之外，其他几个判决之间的关系是：首先，对于当事人的诉讼请求，法院经审查没有发现行政行为违法的，以往是采用维持判决，现在改为驳回诉讼请求判决。其次，法院发现行政行为违法的，原则上就应该作出确认违法或者确认无效判决。但是，如果可以撤销责令重作，法院应当判决撤销，责令行政机关重作。如果要求行政机关继续履行法定职责对于当事人依然有意义，法院就应当判决责令履行或者限期履行。行政机关没有履行给付义务的，判决给付。再次，对于特定情形，法院可以直接判决变更，变更是在撤销基础上的重作，涵盖了撤销判决的效果。最后，对于不能撤销、变更，责令履行也毫无意义，违法行政行为没有造成当事人损失的，也就止步于确认违法判决。违法行政行为造成当事人损失的，除判决确认违法外，还应当判决赔偿。

（1）驳回诉讼请求判决。与驳回起诉不同，驳回起诉是行政案件受理之后，法院经过实质审查，发现不符合起诉条件，裁定驳回起诉。驳回诉讼请求是对实体争议的判决，其适用条件是"行政行为证据确凿，适用法律、法规正确，符合法定程序的，或者原告申请被告履行法定职责或者给付义务理由不成立的"。

（2）确认违法判决，分为两种：

一种是可以撤销，但不撤销，而是判决确认违法。其适用情形包括：第一，行政行为依法应当撤销，但撤销会给国家利益、社会公共利益造成重大损害的；第二，行政行为程序轻微违法，比如，处理期限、通知、送达等程序轻微违法，但对原告权利不产生实际影响的。

另一种是无须撤销，或者责令履行已无意义，判决确认违法。其适用情形包括：第一，行政行为违法，但不具有可撤销内容的；第二，被告改变原违法行政行为，原告仍要求确认原行政行为违法的；第三，被告不履行或者拖延履行法定职责，判决履行没有意义的。

判决确认违法，可以同时判决责令被告采取补救措施，给原告造成损失的，依法判决被告承担赔偿责任。

（3）确认无效判决。其适用情形包括：第一，行政行为实施主体不具有行政主体资格的；第二，没有法律规范依据减损权利或者增加义务的；第三，内容客观上不可能实施的；第四，有其他重大且明显违法情形的。人民法院判决确认无效，可以同时判决责令被告采取补救措施，给原告造成损失的，依法判决被告承担赔偿责任。

（4）撤销判决，可以全部撤销或者部分撤销。其适用情形包括：第一，主要证据不足；第二，适用法律、法规错误；第三，违反法定程序；第四，超越职权；第五，滥用职权；第六，明显不当。判决撤销，如果需要行政机关重作，可以判决行政机关重新作出行政行为。行政机关不得以同一事实和理由重新作出与原行政行为基本相同的行政行为。但是，人民法院以违反法定程序为由，判决撤销被诉行政行为的，行政机关重新作出行政行为不受上述限制。

（5）变更判决。其适用情形包括：第一，行政处罚明显不当的；第二，其他行政行为涉及对款额的确定、认定确有错误的。人民法院判决变更，不得加重原告的义务或者减损原告的权益，但利害关系人同为原告，且诉讼请求相反的除外。

（6）责令履行判决。人民法院经过审理，查明被告不履行法定职责的，判决被告在一定期限内履行。

（7）给付判决，是从责令履行判决中独立出来的一种判决。人民法院经过审理，查明被告依法负有支付抚恤金、最低生活保障待遇或者社会保险待遇等给付义务的，判决被告履行给付义务。

（8）责令赔偿判决。行政行为违法，且造成当事人损失的，判决赔偿。

（9）行政协议责任判决。行政协议是双方行为，与单方行政行为不同。行政诉讼法专门规定，行政机关不依法履行、未按照约定履行或者违法变更、解除行政协议的，人民法院判决被告承担继续履行、采取补救措施或者赔偿损失等责任。行政机关变更、解除行政协议合法，但未依法给予补偿的，人民法院判决给予补偿。

13. 检察机关实行法律监督和提起行政公益诉讼

人民检察院有权对行政诉讼实行法律监督。行政检察的范围分为三类："行政诉讼检察监督，行政判决、裁定执行和非诉执行检察监督，以及对违法行政行为的检察监督。"[1] 检察机关参与行政诉讼的方式主要有三种：抗诉、提出检察建议和提起行政公益诉讼。

（1）抗诉。

对已经生效的行政判决、裁定，检察机关认为确有错误的，或者发现调解书损害国家利益、社会公共利益的，提出抗诉。最高人民检察院应当提出抗诉；地方各级人民检察院可以向同级人民法院提出检察建议，也可以提请上级人民检察院向同级人民法院提出抗诉。

"夏某松诉富阳县公安局治安处罚裁决抗诉案"被称为"行政

---

① 姜明安．论新时代中国特色行政检察．国家检察官学院学报，2020（4）：57．

抗诉第一案"。该案案情其实很简单：1990年8月30日，当时的富阳县里山乡红光村村民委员会主任夏某松为修复被洪水冲垮的河坎，带领本村村民与相邻的强烈村村民争夺一块石头，造成多人受伤，被富阳县公安局以违反《治安管理处罚条例》"造谣惑众、煽动闹事"的规定行政拘留12天。夏某松不服，向法院提起行政诉讼，一审法院作出维持县公安局行政处罚的判决。夏某松向杭州市中级人民法院提出上诉，杭州市中级人民法院以"一审判决适用法律错误"为由，撤销了一审判决。二审判决生效后，富阳县公安局认为二审判决理由不足，依照刚刚生效实施的《行政诉讼法》向检察机关申请法律监督。1991年10月12日，浙江省高级人民法院另行组成合议庭依法对该行政抗诉案件进行再审。再审认为，浙江省人民检察院抗诉有理，当庭宣判：撤销杭州市中级人民法院作出的确有错误的二审判决。[①]

（2）提出检察建议。

人民检察院可以在三种情况下提出检察建议：第一，在抗诉之前提出检察建议，建议人民法院自行启动审判监督程序。第二，对审判监督程序以外的其他审判程序中审判人员的违法行为，有权向同级人民法院提出检察建议。第三，在提起行政公益诉讼之前，向行政机关提出检察建议，敦促行政机关尽快履行法定职责。

（3）提起行政公益诉讼。

人民检察院提起行政公益诉讼：第一，在履行职责中发现有关案件线索。第二，目前重点领域是生态环境和资源保护、食品

---

① 王祺国．岁月｜那年，办理行政抗诉第一案．（2020-11-18）［2022-06-01］．https://www.spp.gov.cn/zdgz/202011/t20201118_486460.shtml.

药品安全、国有财产保护、国有土地使用权出让等。^①第三，针对行政机关违法行使职权或者不作为，也就是乱作为、不作为，致使国家利益或者社会公共利益受到侵害的情形。第四，应当先向行政机关提出检察建议，督促其依法履行职责。第五，行政机关仍然不依法履行职责的，人民检察院依法以公益诉讼起诉人身份向人民法院提起行政公益诉讼。

2015 年 12 月 16 日，山东省庆云县人民检察院因庆云县环保局不依法履行职责，依法向庆云县人民法院提起行政公益诉讼。这是全国人大常委会授权检察机关提起公益诉讼试点工作开展后，全国首例行政公益诉讼案件。诉讼期间，庆云县环保局采取了一系列整改措施，积极纠正了部分违法行政行为。2016 年 4 月 29 日，庆云县人民检察院将诉讼请求变更为确认庆云县环保局批准庆顺公司进行试生产、试生产延期的行政行为违法。5 月 6 日，庆云县人民法院依法对该案公开开庭审理。6 月 20 日，庆云县人民法院判决支持了检察机关的诉讼请求。^②

14. 执 行

执行分为两种：一是对于人民法院发生法律效力的判决、裁定、调解书的执行。二是公民、法人或者其他组织对行政行为在法定期限内不提起诉讼又不履行的，行政机关可以依法实施行政强制执行，包括自己执行和非诉执行，已如前述。

---

① 《英雄烈士保护法》（2018 年）第 25 条、《未成年人保护法》（2020 年）第 106 条、《安全生产法》（2021 年）第 74 条第 2 款、《军人地位和权益保障法》（2021 年）第 62 条、《个人信息保护法》（2021 年）第 70 条等也规定了行政公益诉讼。

② 提起试点后全国首例公益诉讼案.（2018-11-09）[2022-06-10]. https://www. spp. gov. cn/spp/zhuanlan/201811/t20 181 109 _ 398 553. shtml.

对于人民法院生效的判决、裁定、调解书，行政机关、相对人、第三人都必须执行。拒不执行的，分为两种情形：一种是公民、法人或者其他组织拒绝履行的，行政机关或者第三人可以向第一审人民法院申请强制执行，或者由行政机关依法强制执行。另一种是行政机关拒不执行的，相对人可以向第一审人民法院申请强制执行。人民法院可以采取一般强制执行措施，比如：对应当归还的罚款或者应当给付的赔偿、补偿款额，通知银行从该行政机关的账户内划拨，对该行政机关负责人按日处 50 元至 100 元的罚款，对情节严重的有关责任人员处以拘留，构成犯罪的，追究刑事责任。人民法院也可以寻求社会监督、行政监督，比如：将行政机关拒绝履行的情况予以公告，公之于众，向监察机关或者该行政机关的上一级行政机关提出司法建议。

九、行政救济（Ⅲ）：行政赔偿

行政赔偿是指行政机关及其工作人员违法执行行政职务，造成相对人损失，依法承担的法律责任。行政赔偿与行政补偿不同。行政补偿是指行政机关及其工作人员合法执行行政职务，造成相对人损失，依法承担的法律责任。它们的根本区别在于原因行为是合法的还是违法的。

比如，在"陈某诉庄河市公安局行政赔偿纠纷案"①中，2001年12月24日，原告陈某的丈夫韩某驾驶的红旗牌出租轿车在庄河市栗子房镇林坨附近发生交通事故。庄河市公安局交通警察大队接到报警后，立即出警，赶到事故现场。交警在事故现场初步查明，韩某驾驶的红旗牌轿车已被撞变形，韩某被夹在驾驶座位中，生死不明，需要立即抢救。为了尽快救出韩某，警方先后采用了撬杠等方法，都不能打开驾驶室车门，最后没有办法，只能采用气焊切割的方法。在周围群众的帮助下，将韩某从车中救出送往医院。虽然在气焊切割车门时采取了安全防范措施，但切割时仍造成了轿车失火，因火势较大，事先准备的消防器材无法将火扑灭，扩大了汽车的损失。

① 最高人民法院公报，2003（3）.

法院认为，交警"在其他方法都无法打开已经变形的车门时，不得不采取破损车门的措施并不违法"，"而且在采取措施之前，警方已经尽可能地采取了相应的防范措施"。"该行为从性质上属于警方正当的抢险救助行为，没有超出交通警察依法履行职责的范围。"因此，交警依法不应承担赔偿责任。在我看来，对于扩大部分的损失，交警应当承担合理补偿责任。

行政赔偿与行政诉讼之间关系密切：第一，行政赔偿在创设伊始，就是与行政诉讼一并提出，在行政判决中一起解决的。迄今，这也是要求行政赔偿的主要程序方式。第二，为便于一并提起、一并审理，保持行政诉讼与行政赔偿之间的协调统一，行政赔偿采用违法归责原则，与行政诉讼的合法性审查趋于一致。第三，实行"主诉裁驳从诉一并裁驳规则"，公民、法人或者其他组织一并提起行政赔偿诉讼，人民法院经审查认为行政诉讼不符合起诉条件的，对一并提起的行政赔偿诉讼，一同裁定不予立案；已经立案的，一起裁定驳回起诉。第四，在行政诉讼中，撤销、责令履行判决是对当事人权益最有效的救济手段，也是优先考虑选用的判决方式。只有当事人受到的损害根本无法通过撤销、责令履行判决得以妥善弥补的，才可以诉诸行政赔偿。行政赔偿具有补充性、候补性，是处于第二位的救济方式。

1. 行政赔偿范围

第一，行政诉讼法规定的可诉的行政行为，也就是属于行政诉讼受案范围的行政行为违法，造成相对人损害的，相对人都可以要求行政赔偿，具体包括：（1）违法行政处罚；（2）违法采取行政强制措施；（3）违法使用武器或警械；（4）违法征收征用；

（5）不履行法定职责；等等。

第二，行政机关实施的不是行政行为，而是事实行为，但事实上造成相对人损害的，相对人也可以要求行政赔偿，具体包括：（1）以殴打、虐待等行为或者唆使、放纵他人以殴打、虐待等行为造成公民身体伤害或者死亡的；（2）非法拘禁或者以其他方法非法剥夺公民人身自由的；（3）行政机关及其工作人员在履行行政职责过程中作出的不产生法律效果的行为，事实上损害公民、法人或者其他组织人身权、财产权等合法权益的；等等。

第三，对相对人合法权益的损害限于对其人身权、财产权造成的损害，还可以适度延展到对其劳动权、相邻权等合法权益造成的人身、财产损害。这是落实修改后的行政诉讼法的规定，彼此呼应，"大大扩展了行政赔偿保护权利的范围"①。

行政机关不承担赔偿责任的情形包括：第一，行政机关工作人员与行使职权无关的个人行为；第二，公民、法人和其他组织自己的行为致使损害发生的；第三，国防、外交等国家行为或者行政机关制定发布行政法规、规章或者具有普遍约束力的决定、命令，侵犯相对人合法权益，造成损害的；第四，法律规定的其他情形。

2. 行政赔偿请求人和行政赔偿义务机关

（1）行政赔偿请求人，"与民法典侵权责任赔偿的请求权人保

---

① 于厚森，郭修江，杨科雄，等.《最高人民法院关于审理行政赔偿案件若干问题的规定》的理解与适用.法律适用，2022（4）：27.

持一致"①，包括：第一，受害的公民、法人和其他组织。第二，受害的公民死亡，其继承人和其他有扶养关系的人。第三，受害的公民死亡，支付受害公民医疗费、丧葬费等合理费用的人。第四，有权提起行政赔偿诉讼的法人或者其他组织分立、合并、终止，承受其权利的法人或者其他组织。

（2）行政赔偿义务机关，与行政诉讼被告大致相同。稍有不同的是，原行政行为造成损害，复议决定又加重损害的，复议机关与原行政行为作出机关为共同被告。大致是"谁侵权，谁赔偿"，涉及罚款、没收、收缴等问题的，"谁收获，谁赔偿"②。

（3）追偿权。行政赔偿义务机关对外承担赔偿责任之后，对有故意或重大过失的工作人员、受委托的组织或个人可以追偿部分或者全部赔偿费用。

3. 行政赔偿程序

受害人获得行政赔偿有两条途径：一是在行政复议和行政诉讼中一并提起，可称"一并提起程序"。二是单独就赔偿问题先向赔偿义务机关提出，如果不服，可以申请行政复议，也可以向人民法院提起诉讼，也称"单独提起程序""单方处理程序"③。

（1）与行政复议、行政诉讼一并提出。

第一，原因行为是行政行为，且"未被确认违法"，相对人提起行政复议或者行政诉讼，请求复议机关、人民法院对行政行为

①　于厚森，郭修江，杨科雄，等.《最高人民法院关于审理行政赔偿案件若干问题的规定》的理解与适用.法律适用，2022（4）：28.

②　江必新.适用修改后的《国家赔偿法》应当着重把握的若干问题.法律适用，2011（6）：8.

③　杨寅.我国行政赔偿制度的演变与新近发展.法学评论，2013（1）：109.

的合法性进行审查，与此同时，可以一并就该行政行为造成的损害提出行政赔偿请求。复议机关、人民法院也可以在相对人仅提出行政复议、行政诉讼时，告知其可以一并提出行政赔偿。这"有利于裁判尺度的统一和节约有限的司法资源，切实提升行政赔偿审判效率和能力现代化"[①]。

第二，与行政复议、行政诉讼一并提起行政赔偿的，有关期限、管辖都按照行政复议法和行政诉讼法的有关规定。

第三，复议机关、人民法院可以在确认行政行为违法的同时，责令行政机关承担行政赔偿责任。

第四，与行政复议一并提出行政赔偿的，当事人仅对行政复议决定中的行政赔偿部分有异议的，自复议决定书送达之日起15日内，可以依法提起行政赔偿诉讼。行政机关作出有赔偿内容的行政复议决定时，未告知公民、法人或者其他组织起诉期限的，起诉期限从公民、法人或者其他组织知道或者应当知道起诉期限之日起计算，但从知道或者应当知道行政复议决定内容之日起最长不得超过1年。

第五，在涉及行政许可、登记、征收、征用和行政机关对民事争议所作的裁决的行政案件中，原告提起行政赔偿诉讼的同时，有关当事人申请一并解决相关民事争议的，人民法院可以一并审理。"这是为了畅通行政赔偿和民事赔偿救济程序，实现公私法域司法裁判的统一"[②]。

---

① 马怀德，张泽宇. 规范行政赔偿案件审理 推动国家赔偿制度发展. 法律适用，2022（4）：24.

② 于厚森，郭修江，杨科雄，等. 《最高人民法院关于审理行政赔偿案件若干问题的规定》的理解与适用. 法律适用，2022（4）：28.

（2）单独提出行政赔偿诉讼。

第一，赔偿请求人应当自知道或者应当知道行政行为侵犯其合法权益之日起2年内先向赔偿义务机关要求赔偿，赔偿义务机关应当在2个月内作出赔偿决定，或者不予赔偿决定，并说明理由。当事人对不予赔偿决定、逾期不作赔偿决定，或者对赔偿决定不满意的，可以单独提出行政赔偿诉讼。

第二，相对人向赔偿义务机关先行要求赔偿，以及申请行政复议，或者单独提起行政赔偿诉讼的，一般是行政行为或者事实行为已经被确认违法：一是行政赔偿义务机关已经认定行为违法。二是行政行为被有权机关依照法定程序撤销、变更、确认违法或无效。三是实施行政行为的行政机关工作人员因该行为被生效法律文书或监察机关政务处分确认为渎职、滥用职权。

4. 多主体侵权的责任分担

行政机关与其他行政机关、第三人一起导致损害发生的，原则上行政机关只就其违法过错部分承担相应责任，而非承担全部责任。因为都是国库支付，行政机关之间实行连带赔偿责任。

第一，共同侵权。两个以上行政机关共同实施违法行政行为，或者行政机关及其工作人员与第三人恶意串通作出的违法行政行为，应当承担连带赔偿责任。一方对外承担连带赔偿责任后，对于超出其应当承担部分，可以向其他连带责任人追偿。

第二，分别侵权。两个以上行政机关分别实施违法行政行为造成同一损害，每个行政机关的违法行为都足以造成全部损害的，各个行政机关承担连带赔偿责任。人民法院应当根据它们各自违法行政行为在损害发生和结果中的作用大小，确定各自承担相应的行政赔偿责任；难以确定责任大小的，平均承担责任。

第三，第三人提供虚假材料。第三人提供虚假材料，导致行政机关作出的行政行为违法，人民法院应当根据违法行政行为在损害发生和结果中的作用大小，确定行政机关承担相应的行政赔偿责任；行政机关已经尽到审慎审查义务的，不承担行政赔偿责任。

第四，第三人侵权，行政机关不作为。对此，原则上应当由第三人依法承担侵权赔偿责任。但是，第三人赔偿不足、无力承担赔偿责任或者下落不明，行政机关又未尽保护、监管、救助等法定义务的，人民法院应当根据行政机关未尽法定义务在损害发生和结果中的作用大小，确定行政机关承担相应的行政赔偿责任。

第五，不可抗力等客观原因造成损害，行政机关不作为。由于不可抗力等客观原因造成公民、法人或者其他组织损害，行政机关不依法履行、拖延履行法定义务导致未能及时止损或者损害扩大的，人民法院应当根据行政机关不依法履行、拖延履行法定义务行为在损害发生和结果中的作用大小，确定其承担相应的行政赔偿责任。

5. 赔偿方式和计算标准

第一，对于财产损失，赔偿方式包括支付赔偿金、返还财产或者恢复原状。优先考虑返还财产或者恢复原状，无法返还或恢复的，或者仍有损失的，支付赔偿金和相应的利息损失。

行政赔偿应当按照损害发生时该财产的市场价格计算损失；市场价格无法确定，或者该价格不足以弥补公民、法人或者其他组织损失的，可以采用其他合理方式计算。针对征收征用土地、房屋违法强拆中的补偿，基于"不因违法而获益"原则，人民法院判决给予被征收人的行政赔偿，不得少于被征收人依法应当获得的安置补偿权益。

第二，对于人身损害，按照规定标准支付赔偿金。

第三，对于精神损害，应当在侵权行为影响的范围内，为受害人消除影响，恢复名誉，并赔礼道歉。对于消除影响、恢复名誉和赔礼道歉的履行方式，双方可以协商，协商不成的，人民法院应当责令被告以适当的方式履行。造成严重后果的，应当支付相应的精神损害抚慰金。

行政赔偿允许调解，意味着在国家赔偿法规定的赔偿项目、计算标准基础上，有关赔偿项目、标准、数额、方式、期限等都可以协商。

十、行政法的学习进阶

　　入门之后，对行政法知识有了初步理解，如何登堂入室，进一步学好行政法呢？法科学生，特别是那些计划继续深造、攻读行政法专业研究生的学生，以及已经从事行政复议、行政审判、政府法制、行政检察、公职律师等工作的同志，都有这方面的迫切需求。这个话题太过宏大，且见仁见智，我姑且谈几个或许行之有效的学习方法吧。

1. 比对阅读

　　对于法科学生而言，他们在阅读行政法教科书的过程中，一般很难发现问题，觉得教科书完美无缺。没有问题带入感的读书，不免囫囵吞枣、不求甚解。一个简单的改进方法，就是找来两三本有代表性的教科书，同步阅读相关章节，目光在不同教科书之间来回逡巡，就会发现对同一个概念、理论问题，不同学者的观点分歧彰明较著。得来全不费工夫。比如，对于行政处罚的概念，有的学者强调"尚未构成犯罪"，有的学者却对此只字不提。其中深意何在？发现了问题，就要穷追猛问，直至弄懂吃透。在研究行政法之前，先研究行政法学家。学者观点不同，实则是学术立场不同。通晓并理解了不同学者的各自立场，总归还是要作出抉择。那么，你的理由呢？这个过程便能够锻炼你的思辨能力，培养你的学术批判精神，提升你的发现问题、分析问题和解决问题的能力。

孔子说："学而不思则罔，思而不学则殆。"（《论语·为政》）如果仍有困惑不解之处，可以与任课老师交流，向他们请教；也不妨自己去检索中国知网，查找相关问题的学术论文，按照被引、下载次数，遴选排名前二三十的文章，浏览阅读，补充笔记。这对于学问的精进实有好处。

当然，这种读书方法颇为耗时。本科生学业繁重，采用此方法一定要量力而行。学有余力者，不妨一试。但是，对于计划攻读行政法专业研究生的学生，此方法值得尝试。可以考虑以拟报考学校的本科生教科书为主，辅以两三本有代表性的教科书，勤做笔录，标注不同，注释缘由。对比阅读一定会让你加深对行政法的理解。我当年报考中国人民大学行政法专业研究生，就是以中国人民大学的行政法教科书为基础，对照阅读北京大学、中国政法大学的行政法教科书，从中可以很容易发现它们在概念、原理、体系上的异同。采取这种读书方法，无论是基础知识、学说分歧，还是前沿动态，可以尽收囊中，俯拾仰取，收获满满。

2. 以写代读

无论本科生还是研究生，都会从事写作。本科生一般会有课堂作业，研究生除被要求以撰写学术论文作为期末考试方式外，有时也会被安排事先分别准备一些专题，在课堂上宣讲，集体讨论。更不用说，参与导师的课题研究，从事社会调查实践，都要撰写论文、研究报告或者调研报告。

以写代读，要求在起笔落笔之际，对欲采用的每个概念、提出的每个观点、引述的每个理论、得出的每个论断，都必须深思熟虑、反复推敲，必先读懂弄通，有确切把握。比如，你想落笔写下"法国行政法是从判例法发展而来"这么一句话，那么，你有什么凭据？要是书上如此道来，是哪本书？靠谱吗？法国是成文法国家，行政法为什么会建立在判例基础上？这是历史沿革的一段过往，还是迄今未变的一个现实？明白晓畅，方才下笔。甚至此时，你也会好奇：判例和我们常说的指导性案例、典型案例是一样的吗？最高人民法院推广指导性案例，是不是就是在实行判例法？你又会去翻书，一探究竟。学习要有好奇心。做学问，更是好奇驱使，总想刨根问底、达地知根。

通过这样的读书写作，第一，能够培养出严谨求实、一丝不苟的精神。正如胡适所言："有几分证据，说几分话。""治史者可以做大胆的假设，然后决不可做无证据的概论也。"① 第二，能够由点到线、由线到面，逐个弄懂每个知识点，逐渐建立起你自己的专业知识体系。第三，不惧怕任何追问，尤其在论文答辩时不会张口结舌、面红过耳，反而会迫切地想与别人交流，特别是能够就其中困惑不解之处与老师、同学有效对话。

在研究生阶段，要营造出一种读书发表的文化，组织读书会、集体讨论论文写作、听讲座、泡图书馆。我当年北上求学，在中国人民大学法律系攻读行政法研究生之时，深感研究生群体发表论文的浓厚氛围，这是一届传一届，不断营造出的良好文化。大概进入硕士研究生第二年，就有不少同学开始发表论文。被这种

---

① 胡适．有几分证据说几分话：胡适谈治学方法．北京：北京大学出版社，2014：2.

氛围熏陶和激励，不扶自直，我也渐渐培养出以写代读的习惯。

法科学生，尤其是研究生，要尝试多研究一些有意思的小问题，但必须是真问题，是实践和理论亟待解决的问题。采用以写代读方法，力争将这些问题研究透彻。先不论文章的创新性如何，"上穷碧落下黄泉"，至少先做到三点：第一，对与此问题相关的法规范，包括法律、法规、规章以及规范性文件进行全面梳理和分析。第二，要将有关法院判案检索并整理出来。如果判案过多，可以根据研究的问题需要，科学遴选足够的样本。比如，可以只看最高人民法院的行政判决，或者扩大到高级人民法院的行政判决。如果有条件，可以进行大数据分析。第三，检索与该问题有关的已有研究文献，特别要关注被引、下载次数排名前二三十的文章，以及对此问题有较深入研究的学者的著述，还要收集并阅读有关专著。

既然动笔，就一定要写干净，极尽自己的学术能力，枯竭自己的所有才思。写完之后，不要束之高阁，要尽量在集体讨论时与老师、同学交流，或者参加研究生学术活动，比如读书会、沙龙或者论坛，争取发言。由此你会有新的发现、新的补充、新的修改、新的观点。更重要的是，要敢于投稿。一开始不见得要发C刊、核心刊物，发学生刊物或者一般刊物也不错。当抚摸着印刷出来的作品，嗅着淡淡的墨香，你也会自得其乐，又会"不用扬鞭自奋蹄"了。

3. 中国问题，世界眼光

"中国近现代行政法的产生与发展得益于有关人士对各国行政法的译介、比较以及借鉴。可以说，西方的行政法理论和制度是构建中国近代化行政法的重要知识背景，是中国行政法近代化转型和变迁的重要理论资源。"① 西学东渐的结果就是，长期以来，我们一直比较重视比较研究，积极汲取西方的行政法成果。

改革开放之后，随着法治建设的不断深入，行政法学研究也愈加趋于本土化，关注实践问题，构建本土理论。以问题为导向，研究中国问题，是行政法实践发展对理论提出的要求，也是建设法治政府的迫切需要。因此，要沉下心来，探究问题的成因，梳理已有实践的探索，归纳、总结和分析已有经验。这要求我们多研读法院判案，多与行政机关合作，通过承担课题、研讨疑难案例、草拟立法草案等多种方式，深入调查研究。

但是，比较研究依然必不可少，"可以扩大我们的视野，丰富我们的想象力，增加认识问题的广度和深度，对于我们分析中国材料，提出自己的理论，能够提供一些启发和帮助。"② 要多读点国外文献，起初可以读一些译作，特别是业内比较认可的译作，或者引介外国行政法的书籍，以便对国外的制度、术语、理论有粗略了解。这有助于我们逐渐过渡到阅读一手文献。

在比较研究中，首先，一定要采用国外一手文献，尽量不用、少用二手文献。其中缘由，一方面是担心译文或许不准确，另一方面更为重要的是，译文关注的问题可能不完全是你要研究的问题，阅读起来，宛如雾里看花、隔靴搔痒。其次，要真正读懂国外理论，不可一知半解，甚至误读。"例如对于大陆法系的信赖保护原则，对于美国行政法上的正当程序原则，我们常通过浮光掠影的了解，来形成自己的思维定式。在不了解外国行政法真实风貌

---

① 黄涛涛. 中国近代比较行政法研究考. 云南行政学院学报，2013（3）：165.
② 王名扬. 比较行政法的几个问题. 法学评论，1985（6）：5.

的情况下，其后续研究成果往往欠缺坚实的基础，如同沙滩上的城堡，得出的论断也多有失精当。"① 因此，不仅要看一手文献中的教科书，更要多看学术论文、专著。对一个问题有系统深入研究的学术论文、专著，能够拉近法条、理论和实践之间的距离。最后，面临同样一个问题，不同国家也是"八仙过海，各显神通"，有着不同的解决方案，且一定是切合本国实际需要、文化传统、社会诉求的方案。但是，问题产生的机理或许不同，或者不完全相同。正因机理不同，药方亦不同。我们应当深入实践，调查研究，真正洞察问题产生的机理，也深刻理解实践应对的合理之处，以及亟待完善之处。在此基础上，展开比较研究。切忌对国外行政法理论生搬硬套，用国外行政法理论解构中国实践。比如，在保护规范理论引入之前，我们是怎么解决第三人原告资格的？为什么？德国法为什么发展出来保护规范理论？想解决什么问题？保护规范理论引进之后，能够解决哪些我们以前不能、不好解决的问题？实践是进步了，还是倒退了？

　　不同学者有不同的治学心得，也有不同的学习方法。法科学生可以和任课老师多交流，向他们多请教，也可以和同学们多沟通。孔子说："三人行，必有我师焉。"（《论语·述而》）"敏而好学，不耻下问。"（《论语·公冶长》）归根到底，再好再多的学习方法，也需要勤学苦练、消化吸收，不断体悟、反复揣摩，如切如磋、如琢如磨。荀子说："不积跬步，无以至千里；不积小流，无以成江海。"（《荀子·劝学》）学问是一点一滴积攒起来的。

---

① 宋华琳.中国的比较行政法研究：回顾与展望.中国社会科学评价，2020（3）：77.

十一、如何写好行政法论文

不得不承认，高校学位论文评审越来越严格。比如，在清华大学，学生学位论文要经过两次抽查：学校统一组织一次抽查，与教育部的抽查程序、标准完全一致，然后还要迎接教育部的一次抽查。无论是学生还是导师，都有无比巨大的压力。

那么，怎样才能写好行政法论文呢？坊间不乏此类指导书籍。我比较看重李连江的《不发表，就出局》（中国政法大学出版社2016年版）、刘南平的《法学博士论文的"骨髓"和"皮囊"》（载《中外法学》2000年第1期）。前者尽管不是法学论文的写作指导，道理却相通。后者是刘南平应邀到清华大学法学院所作的一次讲座的文字整理，引介了美国耶鲁大学对法学论文的要求，颠覆了我们以往对论文写作的认知。初次踏入研究领域的学术小白，也不妨看看刀熊的《做研究是有趣的——给学术新人的科研入门笔记》（中国政法大学出版社2022年版）。刀熊与前面两位不同。前两位都是成名学者，说的是对自己学术生涯的感悟与总结。刀熊初出茅庐，执掌教鞭，在知乎设立专栏，将其在美国攻读学位的受训经历以及体会娓娓道来，大受欢迎。"夫子言之，于我心有戚戚焉。"（《孟子·梁惠王上》）我在指导学生学位论文过程中，发现一些问题，也颇有感触，我自己也在摸索写作方法之中，愿将一点个人经验与大家一同分享。

1. 选 题

行政法论文首先要关注选题。找到一个值得研究的真问题，又是自己能够驾驭的题目，是最重要的一步。不少学生来找我时，只是笼而统之地描述了某主题，比如，《行政复议法》修订后，想写与之相关的内容。这只是给出了一个选题方向，一个希望切入的研究领域，并没有提出明确具体的问题，实际上没有意义。那么，什么是提出了有意义的问题呢？比如，为什么要构建以变更决定为核心的复议决定体系？这就是一个好问题，一个特别值得研究的问题。写论文，关键在于发现了什么问题，想解决什么问题。如果不明确这一点，我们还是无法确定这一选题是否值得写。

（1）要有问题意识。

不少学生长期以来受应试教育的影响，善于记诵，长于复述，久而久之，思想禁锢，往往发现不了问题，希望导师指定选题。其实，以往考试都是老师出题，学生答题。写论文，就是自己给自己出题，自问自答。

怎么发现问题呢？通过仔细观察身边情况，留意新闻报道，研习判决书，还有比对阅读同类文献，就有可能发现"问题一箩筐"，值得研究的真问题随处可见、俯拾即是。问题之所以值得研究，是因为尚无定论，或者你并不赞成已有看法。特别是在阅读相关文献后，你觉得所谓的定论可能不成立，颇有心得，自有见地，想通过写论文与其他人交流。

比如，在《行政复议法》修改中，一个重要突破就是形成了以变更决定为中心的行政复议决定体系，调整了行政复议撤销、变更决定的顺序。你可能会顿生疑惑：为什么要如此变化？以前那样不好吗？这是一个好问题。弄清原委，便能对行政复议的机理有更透彻的理解。但要追问为什么要变化，你可能就会有一个立场，对这个基本问题的根本看法，也就是文章要论证的基本命题。比如，以前撤销先于变更的确不好，并分析其中的弊端，调整决定的次序之后，更能彰显行政复议的功能。你也可能持相反看法，比如，与以前比较，此次变化没有多大改进，可调整也可不调整。一旦提出不同的看法，便有了写文章的冲动，就是去论证自己的观点是成立的，别人的观点不成立或者不完全成立。在论文的展开过程中，你实际上就是在与持其他观点的学者 PK。为什么说写论文要 argue？argue 实际上就是立论，不断地"破"和"立"，"破"别人的观点，"立"自家之言。不破不立，破而后立。

　　但也要注意，有些问题确实是好问题，但对学生来说，以现有的功力写不了，无法驾驭。首先，问题不宜太大，在本科论文、硕士论文的有限篇幅内根本无法深入讨论。比如，行政复议如何发挥主渠道作用，这是好题目。但是，本科或者硕士论文面对如此宏大的问题，很难做到既洞观全局、面面俱到，又论理透彻，完全说清楚背后的深层次道理。如果题目太宏观，而写作者掌握信息有限、学术功力不够，往往不足以驾驭，最终论文只是泛泛而谈，流于平庸，不可能出现创新。其次，问题太小也不行。如果学术功力不足，便可能行进困难，思路不畅，会导致写两句就没什么好写的了。题目越小，对写作者的学术功力要求越高。"在某种意义上来说题目越小越好，因为题目越小越是能够反映理论研究的深入程度。"① 因此，应当选一个适中的问题。即使是博士论文，也不宜选过大或者过小的题目。随着学术功力提升，可

---

① 陈兴良 . 论文写作：一个写作者的讲述 . 中外法学，2015（1）：18.

以尝试挑战小问题。"小问题，大文章。"

选题极其重要，尤其是未来准备从事教学科研工作的学生，应当尽量从两个方面入手：一是从本学科的基本理论中选择一个迄今研究尚不深入充分的问题。二是结合研究前沿，比如数字政府建设，选择一个基本理论或者行政领域。比如，对自动化行政行为的研究，就是对行政行为理论研究的深化。又比如，对网上行政审批的研究，也是对行政许可理论研究在"互联网＋公共服务"视野下的进一步拓展。对于本科生、硕士生，我一般鼓励他们选择一个可以进行群案分析的问题，比如，什么是行政处罚上的持续犯、连续犯？通过检索、分析有关案件，梳理法官的看法，并与学者观点进行比对，分析异同。这种研究不易抄袭，也不会做成文献综述。

在选题上，有明确的问题意识非常重要。在论文写作中，应当在引言中开门见山，直接说明论文要研究的基本问题，以及研究该问题的理论与实践意义。也就是阐明该问题是真问题，不是假问题，是值得研究的问题，也是目前学术上研究不够充分，还有着不小分歧的问题。一篇论文最好只研究一个而不是多个基本问题，对于初次涉足研究领域的学生来说，其学术功力尚不足以驾驭多个基本问题，这一点就更应当注意。

不同的问题，决定了论文论证的方向以及结构。对基本问题的回答，要分为若干个子问题，大抵都逃不过是什么、为什么、怎么做。根据需要有所选择、有所侧重，按照逻辑思维顺序，层层递进，这就形成了论文结构。比如，为什么要构建以变更决定为核心的行政复议决定体系？如何构建行政复议变更决定类型，怎么做到"应变尽变，应赔尽赔"？这两个问题都是好的选题方向，回答起来却不尽相同，侧重点不同。对前一个问题的回答，重点是阐述行政复议决定体系以往以撤销为中心所存在的弊端，改为以变更为中心的合理性，并顺带延伸谈一下怎么构建。对后一个问题而言，为什么要构建的问题已然解决，毋庸赘言，只需重点回答怎么构建。可以比对《行政复议法》修改后，原来的撤销重作决定，哪些实际上可以完全变更。关键在于找到足够的行政复议决定书样本，特别是变更决定书、撤销重作决定书，展开群案研究，从中梳理归纳有关规则。因此，在论文写作中，最好开门见山，直接阐述要研究什么基本问题。

总之，一定要找到一个值得研究的问题。在论文开题前，学生可以先自己确定若干选题，然后去跟老师交流。老师长期从事教学科研工作，往往能够敏锐地判断选题是否适合你。基本问题不是零零散散的具体问题。在老师追问学生想研究什么问题时，有的学生会东拉西扯，提出一些很零碎，甚至没有多少关联性的具体问题。如果学生凝练不出来好的问题，老师可以点拨。比如，学生想写行政处罚方面的问题，或者更细一点，想写行政处罚中的程序问题，老师可以给他介绍当下存在的问题，以及有关理论研究的进展状况，然后再凝练出合适的选题。

（2）要有创新可能。

确定的选题要预测能有所创新。选题不是拍脑袋，而是要先发现与以往研究的不同。很多学生写文章只是综述现有观点，并没有什么突破性的看法。如果对问题的看法跟已有的看法基本一样，最终的论文可能就是一个高级的文献综述，不可能有大的突破。

比如，行政复议是层级监督，还是裁决制度？从文献上看，有的观点支持行政复议是通过二次决定来实现层级监督，也有观点主张行政复议应该是居中裁决，属于行政司法范畴。这两种看法都已经有人说了，你可能也就是赞成其中一个观点。这种题目最好不要写，否则很容易就是给别人背书，因为你无法提出新的看法。

凝练出基本问题后要进一步思考：在这个问题上，我跟其他人有什么不同的看法？照理来讲，研究者一般是对基本问题有长期观察，对有关实践进展与理论研究了然于胸，久而久之，学有所思，思有所悟，悟有所行，便想与人交流，说服他人，影响实践。但是，很多学生很难达到这个程度。

学位论文开题时，要求学生完成文献综述，实际上就是判断该选题值不值得写、能不能有所创新。凌斌甚至要求学生，"选题之前，要先做做文献检索，尽量搜集和查阅已有的研究。学好文献检索，特别是电子资源检索，应该是选题之前的必备功课。一个学生，只有对自己研究和以往成果的关系有了初步把握之后，才应该去找指导老师，征求他们的选题意见"[①]。很多学生写文献综述时非常马虎，不注意概括已有观点，对于自己希望论证的基本命题，自以为颇有新意，实际上别人早已提出并有所论证。只是炒冷饭，就没有任何意义，还容易出现剽窃、抄袭问题。全面系统地检索有关文献，做到心里有谱，再提出一个与其他人不同的观点，这样才会有所创新。当然，随着研究不断展开，对问题的看法也会不断深入，有所调整。但不论怎样，在论文写作过程中都应当时时刻刻追问自己："什么是你的贡献？"[②]

---

① 凌斌. 论文写作的提问和选题. 中外法学，2015（1）：40.
② 苏力《法治及其本土资源》（中国政法大学出版社 1996 年版）序言的标题。

2. 文献资料

很多学生找到一些文献后就马上落笔，其实是不对的。如果没有对问题进行充分的梳理，在没有了如指掌、全面把握的情况下匆忙成文，很可能重复既有观点，而你却自认为是创新。如果不知道已有研究进行到哪里，你就不可能跟别人进行有效的 argue，也就写得不深刻。

我对学生的要求是，论文写得好不好另说，但在文献资料方面，至少要先做到以下三点：

第一，法规范要完备。论文最后可以有附录 A，载明与本研究相关的所有法规范，包括法律、法规、规章、规范性文件、司法解释。作法学研究，尤其是部门法研究，不看法规范，不作规范分析，简直难以想象。按照时间脉络对法规范进行梳理，并结合有关立法说明、释义解读、研究文献，可以发现制度是如何抉择、如何发展、如何形成的，以及背后的成因与考虑。

第二，判案尽量梳理全。比如，在中国裁判文书网上，行政诉讼的变更判决成千上万，全部写入文章肯定不可能，这时候就要有体系、成建制地去检索判决书，真正反映出实践样貌。我一般优先选取最高人民法院的判案。这是因为，如果一个案件经过一审、二审仍然没有平息下来，进入到最高人民法院的再审，说明这个案件争议很大，有嚼头。但是，如果最高人民法院的案子寥寥无几，研究就有很大的局限性，此时需要再考虑其他审级的案件，比如，高级人民法院的判案。同时，还要注意判案的时间。如何限定检索的时间，其实与研究目的直接相关。比如，研究新《行政诉讼法》实施以后变更判决有没有变化，就需要仔细梳理实施前后的判案，作比对研究。不管怎么样，要找到足够的、具有代表性的相关判决，作为论文的附录 B。

第三，重要文献要穷尽。以研究问题作为关键词进行篇名检索，能够尽快找到直接相关的文献。但如果搜出来的文章数以千计，不见得要逐篇仔细阅读。可以查看引用、下载数，收集并精读排名前五十的文章。但要注意，有些学者对这个问题很有研究，其撰写的个别文章在引用量、下载量上进不了前五十，也应当收集阅读。文章的被引用率一般与发表时间有关。被引用率较高，意味着文章发表时间比较早。近期发表的文章，被引用率不会很高，业内的关注度一般体现为下载量。要结合引用量、下载量两个指标，判断一篇文章的价值。

搜到了一两篇好的文章以后，可以追踪这些文章中的引注。一个治学严谨的学者，一定会将文章发表之前与文章主题有关的重要文献都搜集全。通过这种方法可以进一步补充相关文献。这就是"拔出萝卜带出泥"。

但这样搜文献还可能不全。比如，上文讨论的变更判决，如果只用篇名检索，肯定无法穷尽既有研究。关联性比较密切的文献，比如，行政赔偿、补偿数额的变更，还有更深层次涉及行政诉讼功能、行政法官权限、行政诉讼构造的文献，都可能与论题有关系，也需要检索。这是因为，法官如果要作出变更判决，法院实际上就相当于成了行政机关的上级机关，那么目前行政诉讼的整体构造能否容纳这样的思想？这是否可能与行政诉讼上的分权理念相抵触？

穷尽相关文献很重要。一篇好的文章，必定是在穷尽了此前所有重要文献基础上产生的。这是研究的起点。文献综述不是流水账。对于已有研究，应当通过分类概括，归纳总结，做到一目了然，尽收眼底。论文提出的基本命题与以往之不同，以及创新价值，也就一清二楚了。

　　一篇论文先不说写得好不好、有没有创新，文献、案例、法规范一定要全。不做好这三方面的工作，论文肯定出问题。一方面，不知晓以往的研究，不了解有关判案以及相关制度，极有可能重复已有观点，却自诩为论文创新；另一方面，不与既有观点展开有效对话，或者对已有观点，尤其是有一定影响的观点视而不见、听而不闻，论文的立论就会变得极不可靠，十分可疑。

　　这些工作可以体现在论文引言中的文献综述、论文注释以及参考文献上。"读者阅读了你写的论文，特别是论文的注释，就知道你是否在你的研究中穷尽了与论文题目相关的重要研究资料，或者至少是相关的主要学术观点，从而也就可以进一步判断论文的学术价值。""如果从论文的导言中，特别是从注释中反映不出这一点，那么，这篇论文是否可以达到博士水准应该是一个大问号。"①

　　在论文答辩时，评审老师一般首先看题目，其次看目录，一般看目录就可以知道作者思路是否清晰。再次查看参考文献，可以发现作者的研究起点。最后才看论文的论证过程与具体内容。很多时候，我们看参考文献，就知道研究有没有价值。论文要有创新性，一定要对有价值的既有文献了如指掌，只有这样才能展开有效的交流。

---

　　① 刘南平．法学博士论文的"骨髓"和"皮囊"．中外法学，2000（1）：110 - 111.

3. 深入调查

我自己在作研究的过程中十分注意深入实践调查研究。如果没有足够的观察走访，不了解实践运作及问题，写文章就没有底气，也经不起再三诘问。

学生深入实践的一个重要途径，就是和导师一起作课题。我也时常接受实践部门委托，作一些立法研究或者制度建设的课题。这是指导学生接触实践、了解实践的最佳机会。实践部门的同志在介绍实践问题及其成因的时候一定会知无不言、言无不尽。按理说，据此学生也应该能写出上乘论文。很可惜的是，不少学生仅是作课题，有关成果却不能写成论文发表。诚如《吕氏春秋·诬徒》所言，"用心则不专，好之则不深，就业则不疾，辩论则不审"。

学生当然也可以自己主动去观察实践、了解实践。我曾经指导的一个法律硕士，研究的问题是清华大学对校内商贩的管理是否合法合理。要研究这个问题，除了要把文献、案例、规范梳理好，还得深入调查，发现校内有哪些摆摊点，并完整地记录在地图上。之后可以去保卫处调研，查询学校有无相关的规章制度。调查中，要将学校不允许摆摊设点的地方作为重点调查对象。调查时，不一定直接表明自己的调查意图。不妨去摊位上买一个小玩意，顺便了解拟调查的问题。比如，为什么要到这里摆摊？学校来不来管？学校管理一般采用什么方法？这种管理到底有没有成效？小商小贩可能也会直言不讳、坦诚相待。了解这些问题后，可以逐渐形成自己要论证的理论命题。建议大家学习巴比的《社会研究方法》，这本书已经修订为第十一版（华夏出版社 2018 年版)，里面专门谈到应该如何设计问卷才能科学地反映实际情况。

在职生、实践部门的同志不妨选一些与自己工作密切相关的选题，在充分了解问题之所在及其成因后，就能写好论文。我应邀去过海淀区人民法院几次，与参加全国法院系统论文、裁判文书竞赛的法官座谈，发现一些实务部门同志的论文之所以写不深，很大程度上是因为选题和研究方法有问题。比如，法官如果仅从理论层面写正当程序，很可能因为时间有限、资料掌握不全，无法从事比较法研究，最终研究得并不深刻；但是，如果能结合办案中的真问题，往往能写得很深刻。英国有一个著名大律师 Sir Patrick Neill，专门写过一篇关于理由说明义务的文章。[①] 他办案经验丰富，工作中遇到大量与此相关的争议，对这个问题有长期深入的思考，文章写得精彩绝伦、出神入化。一般不作实务的学者挖掘不出背后的诸多问题，而法官以判决为基础展开论证，就容易受到包括学者在内的广大读者追捧。

比如，在"于某茹诉北京大学撤销博士学位决定案"[②] 中，于某茹向北京大学提交博士学位论文答辩申请书及科研统计表，将《1775 年法国大众新闻业的"投石党运动"》作为科研成果列入博士学位论文答辩申请书。后来，北京大学认为，于某茹在校期间发表的该学术论文存在严重抄袭问题，决定撤销于某茹的博士学位，收回学位证书。该案主审法官是我的学生，他撰写的判词，连行政法学者也交口称赞。对于北京大学作出《关于撤销于某茹博士

---

① Sir Patrick Neill OC. The Duty to Give Reasons: the Openness of Decision–making//C. Forsyth, I. Hare（eds.）. *The Golden Metwand and the Crooked Cord*, *Essays in Honour of Sir William Wade*. Oxford: Oxford University Press, 1998: 161–184.

② 北京市第一中级人民法院（2017）京 01 行终 277 号行政判决书。

学位的决定》的程序是否符合正当程序原则，主审法官指出："北京大学在作出《撤销决定》前，仅由调查小组约谈过一次于某茹，约谈的内容也仅涉及《运动》一文是否涉嫌抄袭的问题。至于该问题是否足以导致于某茹的学位被撤销，北京大学并没有进行相应的提示，于某茹在未意识到其学位可能因此被撤销这一风险的情形下，也难以进行充分的陈述与申辩。因此，北京大学在作出《撤销决定》前由调查小组进行的约谈，不足以认定其已经履行正当程序。北京大学对此程序问题提出的异议理由不能成立。"换句话说，北京大学虽然形式上履行了正当程序，但只说了一半，半吞半吐，没有就学位能否因抄袭而被撤销给予于某茹充分陈述与申辩的机会，没有实质履行正当程序。这个判案就很值得写出一篇上好的论文。

4. 论证与结构

如前所述，写论文是因为有问题要解决，所以，基本问题很重要。基本问题提出来后，往往会被分成几个递进的子问题，这是论文的研究进路。而对每一个子问题的回答，就构成了论文的论证结构。对基本问题的总体见解，就是论文一以贯之需要论证的基本命题，也构成了回答每个子问题的基本立场，以及与不同观点对话辩驳的批判标准。

基本命题应该是论文的主要结论，否则，怎么理解基本命题应当贯穿论文始终，是论文努力证成的目标呢？论文结论也不完全等同于基本命题，应当是对基本命题的进一步阐述、推论与繁衍。比如，行政协议单方变更、解除可以完全替代民法上的情势变更、法定解除，这是论文要证成的基本命题，也可据此批判有些学者认为民法上的情势变更、法定解除亦有适用余地。论文结论之中，除了重述它们之间不是竞合关系而是吸收关系、包含关系，还必然要总结出行政协议单方变更、解除的制度构造，及其对民法上情势变更、法定解除的涵摄方式，亦即基于重大公共利益需要的单方变更、解除本身就包含了民法上的情势变更以及不可抗力，基于合同相对方严重违约而作为制裁的单方变更、解除也可以包含《民法典》第 563 条第 1 款第 2、3、4 项等。这个结论本身又是对吸收关系论证路径的高度概括。

　　不少学生写论文时，不知道这个道理。比如，要写《行政复议法》为什么要建立以变更为核心的决定体系。有些学生检索到相关文献后，先看看它们都分成哪几个部分论述，于是乎随大流，自己的文章也分为相应的几块，再看每一块别人都是如何论述的，分成甲说、乙说、丙说，然后，直接表明自己赞成哪个学说，陈述理由。这实际上不是在写论文，不是在论证一个基本命题。"一篇法学博士论文的全部内容必须是围绕着一个基本观点而展开，否则它就不是一篇地道的博士论文。"[①] 上述写法，不是没有具体看法，而是这些看法是碎片状散落一地的，缺乏根本的总体看法，因此，充其量只是在作高级版的、述评式的文献综述。这种写作的路数，有点像市面上流行的教科书。"教科书是不需要有中心论点的，它通常只是一门学科里相关内容的堆砌。"[②]

　　提出一个问题后，通过看文献，可以大概了解学界目前对这个问题都有哪几种基本看法，不同论者肯定会各有各的观点与理由，在此基础上要尽量提出一个与之不同的自己的看法。比如，

---

① 刘南平.法学博士论文的"骨髓"和"皮囊".中外法学，2000（1）：103.

② 刘南平.法学博士论文的"骨髓"和"皮囊".中外法学，2000（1）：103.

行政协议的单方变更解除权与民法典规定的情势变更、法定解除之间是什么关系？一些学者认为，行政协议的单方变更解除权，作为行政优益权，与民法典规定的情势变更、法定解除存在竞合关系。但是，在我看来，行政协议的单方变更解除权是基于依法行政原理，通过具体制度构建，完全可以替代、涵摄民法上的情势变更、法定解除。这实际上就是我提出并要证成的基本命题。刘南平说，命题是"贯穿整个博士论文的中心论点"，"是你试图在论文中探讨或者论证的一个基本问题或基本观点"①。这似乎有些深奥，我理解了很长时间。基本命题应该就是你对你要研究的基本问题的根本看法。而这种看法有别于已有认识。"见人之所未见，言人之所未言。"这就是自己的创新之处，就是著书立说，也是你的学术贡献之所在。

要论证自己的观点成立，是一个思维逐层推进的过程。首先是提出问题。比如，是否应当构建以变更决定为核心的复议决定体系。其次，文献综述，梳理学界、实务部门对相关问题的已有看法。我一般会先梳理学界的已有研究，关注理论进展，再梳理司法判案，通过理论与实践的比对，发现有哪些异同。再次，提出自己的论点，揭示文章的论证方式：呈现论文结构和研究方法。整篇文章实际上就是在论证：我的观点成立，其他论点不成立或者不完全成立。朱苏力主张自己与自己较劲的论证方式："我更赞同多站在自己的对立面来审视和质疑自己的道理、根据、证据和理由。自己跟自己作对，更容易知道自己的弱点在哪里，因此会迫使自己思考得更细，会发现一些值得分析的新问题，甚至可能

---

① 刘南平.法学博士论文的"骨髓"和"皮囊".中外法学，2000（1）：102-103.

导致自己改变或修改预先的判断。"[①] 在学术研讨会上宣读论文初稿，或者与导师、同门讨论，从同行、师长的批判中可以补漏、补强，也可能会进一步调整立场、完善命题。

至于如何具体构建章节，可以按照回答子问题的逻辑次序，层层递进，并考虑每个章节的大致平衡。但是，逻辑结构应当是清晰的、条理分明的，一定要避免不同章节之间的交叉与重复。所谓"文无定法，贵在得法"。文章的本质是解决问题。作为研究者的探讨，文章既可以在现行法律框架下思考合理解决方案，但是，"显然不应该仅仅以判例及该判例下的实务为出发点"，也不妨考虑"怎样的制度设计才是最为理想的"[②]。但无论在哪个层面上谈，都要充分阐述解决之道，以理服人，力求游说实践，争取影响立法。如何说服，怎么论证，如何布局，方式灵活多样，文章结构也不要生搬硬套、墨守成规。

学生在写论文时，看了大量文献后很容易受其他观点影响。其他论者写得很精彩的地方，很有可能与你的论证没有关系，你并不一定要参考引用。所以，我一般建议学生把基本问题就写在边上，时不时看一下。整个论文的结构应该就是这样的，但说起来很轻松，实际做起来有一定难度。

5. 行文表达

在写论文时，行文表述上一定要注意，不要写得太拗口。即使按一些编辑的看法，写文章要用书面语言，但仍不要写得让人

---

① 苏力.只是与写作相关.中外法学，2015（1）：7.
② ［日］伊藤真.法学研究职业与法学研究方法：游走于理论与实务间半个世纪的反省记.刘颖，译.经贸法律评论，2022（4）：156.

看不懂。文字要清新，行云流水，自然流畅，让读者赏心悦目。不少学生受外文表达方式的影响，行文的翻译腔很浓，这是尤要警惕的。思想需要传播，理论应当影响实践。只有让人易读、易懂，并有说服力，才能诉诸实践。"理论一经掌握群众，也会变成物质力量。理论只要说服人，就能掌握群众"（马克思《〈黑格尔法哲学批判〉导言》）[①]。

建议学生：第一，在论文定稿之后，专门对行文表述进行打理。可以找一两篇上乘论文或者著作，一边学习体悟，一边修饰文字。"孔曰：草创之，讨论之，修饰之，润色之。千古为文之大法也。"（胡应麟《诗薮·内编卷一》）第二，要注意分段，最好一层意思一个段落，不要将多重意思都塞在一个段落里，否则，段落会很冗长，不美观，也影响阅读。第三，尽量用短句，避免句式复杂，尤其是不要模仿英语的长难句。

要注意学术规范。只要是引用别人的观点，一定要规范引注。为了不曲解误读原作者的意思，最好是直接引用，不要间接引用。直接引用也能够让读者迅速查到原作中的这段话。参考文献一定是论文里引用的，而不是看过但没有引用的文献。将没有引用的文献一股脑都列入参考文献，是学术不规范的表现。参考文献最好按中文著作、中文期刊论文、外文著作、外文期刊论文的顺序排列，并按照作者姓名拼音首字母排列，让参考文献看起来井井有条。

以上仅为一孔之见。法学论文写法可能受英美影响较大，我一直在寻觅日德学者关于法学论文写作的有力度的译文作品，可

---

① 马克思，恩格斯．马克思恩格斯选集：第 1 卷．3 版．北京：人民出版社，2012：9-10.

惜尚未寻到。学术是竞争的市场。一花独放不是春，百花齐放春满园。不同学者可能有不同的体悟。无论何种认识，关键在于道出背后的道理。同样道理，实现的方式亦会不同。还是那句老话：文无定法，武无定式，妙在用法，贵在得法。

主要参考文献

一

1. 蔡小雪，甘文．行政诉讼实务指引．北京：人民法院出版社，2014.

2. 陈新民．公法学札记．北京：中国政法大学出版社，2001.

3. 龚祥瑞．比较宪法与行政法．北京：法律出版社，1985.

4. 胡适．有几分证据说几分话：胡适谈治学方法．北京：北京大学出版社，2014.

5. 江必新，梁凤云．行政诉讼法理论与实务．北京：北京大学出版社，2009.

6. 毛泽东．整顿党的作风．北京：外文出版社，1968.

7. 全国人大常委会法制工作委员会行政法室．中华人民共和国行政诉讼法解读．北京：中国法制出版社，2014.

8. 苏力．法治及其本土资源．北京：中国政法大学出版社，1996.

9. 苏永钦．走入新世纪的私法自治．北京：中国政法大学出版社，2002.

10. 萧乾．未带地图的旅人．北京：中国文联出版公司，1998.

11. 杨建顺．日本行政法通论．北京：中国法制出版社，1998.

12. 余凌云．行政法案例分析和研究方法．2版．北京：清华大学出版社，2019.

13. 余凌云．行政契约论．3 版．北京：清华大学出版社，2022.

14. 朱光磊．当代中国政府过程．天津：天津人民出版社，2002.

15. ［美］杰瑞·L. 马肖．行政国的正当程序．沈岿，译．北京：高等教育出版社，2005.

16. ［美］约翰·亨利·梅利曼．大陆法系：第二版．顾培东，禄正平，译．北京：法律出版社，2004.

17. ［法］孟德斯鸠．论法的精神．张雁深，译．北京：商务印书馆，1961.

18. 曹康泰．中华人民共和国行政复议法释义．北京：中国法制出版社，1999.

19. 张春生．中华人民共和国行政复议法释义．北京：法律出版社，1999.

二

20. 曹鎏，李月．我国行政复议体制改革的发展演进、目标构成及修法回应．行政管理改革，2022（4）.

21. 陈兴良．论文写作：一个写作者的讲述．中外法学，2015（1）.

22. 陈越峰．中国行政法（释义）学的本土生成：以"行政行为"概念为中心的考察．清华法学，2015（1）.

23. 程琥．新《行政诉讼法》中规范性文件附带审查制度研究．法律适用，2015（7）.

24. 高秦伟．行政法学教学的现状与课题．行政法学研究，2008（4）.

25. 高秦伟．行政复议制度的整体观与整体设计．法学家，2020（3）.

26. 郭修江．行政诉讼集中管辖问题研究：《关于开展行政案件相对集中管辖试点工作的通知》的理解与实践．法律适用，2014（5）．

27. 郭修江．一并审理民行争议案件的审判规则：对修改后《行政诉讼法》第六十一条的理解．法律适用，2016（1）．

28. 郭修江．以行政行为为中心的行政诉讼制度：人民法院审理行政案件的基本思路．法律适用，2020（17）．

29. 胡建淼．"行政强制措施"与"行政强制执行"的分界．中国法学，2012（2）．

30. 黄海华．行政许可制度的立法完善探析：以《法治政府建设实施纲要（2021—2025 年)》的出台为背景．中国司法，2021（10）．

31. 黄涛涛．中国近代比较行政法研究考．云南行政学院学报，2013（3）．

32. 黄学贤．行政首长出庭应诉的机理分析与机制构建．法治研究，2012（10）．

33. 后向东．论我国政府信息公开制度变革中的若干重大问题．行政法学研究，2017（5）．

34. 江必新．适用《关于行政诉讼证据若干问题的规定》应当注意的问题．法律适用，2003（10）．

35. 江必新．适用修改后的《国家赔偿法》应当着重把握的若干问题．法律适用，2011（6）．

36. 姜明安．论新时代中国特色行政检察．国家检察官学院学报，2020（4）．

37. 乐楚．宪法，是一张写着人民权利的纸．文史博览，2014（2）．

38. 李大勇．行政诉讼证明责任分配：从被告举证到多元主体分担．证据科学，2018（3）．

39. 李永军．民法典编纂中的行政法因素．行政法学研究，2019（5）．

40. 林华．论行政法教学的困境与革新．云南大学学报（法学版），

2016（5）.

41. 凌斌. 论文写作的提问和选题. 中外法学，2015（1）.

42. 刘南平. 法学博士论文的"骨髓"和"皮囊". 中外法学，2000（1）.

43. 刘莘. 关于行政诉讼法律适用制度修改的思考. 苏州大学学报（哲学社会科学版），2012（1）.

44. 刘文华. 中国经济法的基本理论纲要. 江西财经大学学报，2001（2）.

45. 罗豪才. 行政法学与依法行政. 国家行政学院学报，2000（1）.

46. 马超. "主渠道"定位下的行政复议"司法化"反思：兼谈行政复议的改革方向. 河南财经政法大学学报，2020（6）.

47. 马怀德，解志勇. 行政诉讼第三人研究. 法律科学，2000（3）.

48. 马怀德，李策. 行政复议委员会的检讨与改革. 法学评论，2021（4）.

49. 马怀德，张泽宇. 规范行政赔偿案件审理 推动国家赔偿制度发展. 法律适用，2022（4）.

50. 马怀德. 行政裁决辨析. 法学研究，1990（6）.

51. 孟宪飞. 行政诉讼中的法律适用. 法学研究，1989（6）.

52. 潘波. 开发区管理委员会的法律地位. 行政法学研究，2006（1）.

53. 潘剑锋. 论司法考试与大学本科法学教育的关系. 法学评论，2003（2）.

54. 沈福俊. 行政复议委员会体制的实践与制度构建. 政治与法律，2011（9）.

55. 宋华琳. 中国的比较行政法研究：回顾与展望. 中国社会科学评价，2020（3）.

56. 宋华琳. 中国行政法学总论的体系化及其改革. 四川大学学报

（哲学社会科学版）．2019（5）．

57．苏力．只是与写作相关．中外法学，2015（1）．

58．苏艺．试述我国省级政府派出机关的演变．法制与社会，2013（11）．

59．谭炜杰．行政诉讼受案范围否定性列举之反思．行政法学研究，2015（1）．

60．王建芹，寨利男．派出机构法律地位及改革思路的若干思考．行政与法，2006（1）．

61．王克稳．我国行政审批与行政许可关系的重新梳理与规范．中国法学，2007（4）．

62．王克稳．我国行政审批制度的改革及其法律规制．法学研究，2014（2）．

63．王名扬．比较行政法的几个问题．法学评论，1985（6）．

64．王青斌．行政诉讼被告认定标准的反思与重构．法商研究，2018（5）．

65．王锡锌．依法行政的合法化逻辑及其现实情境．中国法学，2008（5）．

66．徐运凯．主渠道目标导向下新行政复议法的制度创新与理论解读．法律适用，2023（12）．

67．阎铁毅．行政诉讼第三人类型与民事诉讼第三人类型的区别．当代法学，2002（5）．

68．杨建顺．行政、民事争议交叉案件审理机制的困境与对策．法律适用，2009（5）．

69．杨建顺．完善标准和证据制度，以正当程序确保权利救济实效性．中国法律评论，2019（2）．

70．杨伟东．复议前置抑或自由选择：我国行政复议与行政诉讼关系的处理．行政法学研究，2012（2）．

71. 杨伟东. 基本行政法典的确立、定位与架构. 法学研究, 2021 (6).

72. 杨小军. 行政强制执行的主要制度. 法学杂志, 2011 (11).

73. 杨寅. 我国行政赔偿制度的演变与新近发展. 法学评论, 2013 (1).

74. 应松年. 把行政复议制度建设成为我国解决行政争议的主渠道. 法学论坛, 2011 (5).

75. 应松年. 对《行政复议法》修改的意见. 行政法学研究, 2019 (2).

76. 应松年. 依法行政论纲. 中国法学, 1997 (1).

77. 于厚森, 郭修江, 杨科雄, 等. 《最高人民法院关于审理行政赔偿案件若干问题的规定》的理解与适用. 法律适用, 2022 (4).

78. 于长苓. 行政诉讼证据制度若干问题研究. 法律适用, 2012 (2).

79. 余凌云. 船舶所有权登记的行政法分析. 中国海商法研究, 2021 (2).

80. 余凌云. 行政诉讼法是行政法发展的一个分水岭吗?: 透视行政法的支架性结构. 清华法学, 2009 (1).

81. 余凌云. 警察权划分对条块体制的影响. 中国法律评论, 2018 (3).

82. 余凌云. 论行政诉讼上的合理性审查. 比较法研究, 2022 (1).

83. 余凌云. 论行政协议的司法审查. 中国法学, 2020 (5).

84. 余凌云. 取消"双被告"之后法院对行政复议决定的评判. 法学, 2021 (5).

85. 余凌云, 周云川. 对行政诉讼举证责任分配理论的再思考. 中国人民大学学报, 2001 (4).

86. 袁明圣. 派出机构的若干问题. 行政法学研究, 2001 (3).

87. 袁曙宏, 赵永伟. 建立统一公法学的时代意义: 兼答"统一公法学"可能遭遇的质疑. 现代法学, 2005 (5).

88. 袁曙宏. 法治规律与中国国情创造性结合的蓝本: 论《全面推进

依法行政实施纲要》的理论精髓.中国法学，2004（4）.

89.袁曙宏.论建立统一的公法学.中国法学，2003（5）.

90.湛中乐.首次行政法学体系与基本内容研讨会综述，中国法学，1991（5）.

91.张敏.行政法的独特性与行政法教学改革的应对措施.中州大学学报，2012（5）.

92.张树义.如何学好行政法与行政诉讼法：司法考试经验谈.中国司法，2004（8）.

93.章志远.法科生行政法案例教学模式之研究.河南财经政法大学学报，2013（3）.

94.章志远.行政法治视野中的民法典.行政法学研究，2021（1）.

95.章志远.新《行政诉讼法》实施对行政行为理论的发展.政治与法律，2016（1）.

96.周汉华.行政许可法：观念创新与实践挑战.法学研究，2005（2）.

97.周振超，李安增.政府管理中的双重领导研究：兼论当代中国的"条块关系".东岳论丛，2009（3）.

98.朱芒.作为行政处罚一般种类的"通报批评".中国法学，2021（2）.

99.［爱尔兰］Colin Scott.作为规制与治理工具的行政许可.石肖雪，译.法学研究，2014（2）.

100.［日］伊藤真.法学研究职业与法学研究方法：游走于理论与实务间半个世纪的反省记.刘颖，译.经贸法律评论，2022（4）.

三

101. H. W. R. Wade，C. F. Forsyth. *Administrative Law*. Oxford：Oxford University Press，2004.

102. Sidney A. Shapiro. The Top Ten Reasons That Law Students Dislike Administrative Law and What Can （Or Should） Be Done about Them. *Brandeis Law Journal*, 2000, 38 （2）.

103. Sir Patrick Neill OC. The Duty to Give Reasons: the Openness of Decision - making//C. Forsyth, I. Hare （eds. ） . *The Golden Metwand and the Crooked Cord , Essays in Honour of Sir William Wade*. Oxford: Oxford University Press, 1998.

行政法精读书目

1. 章剑生. 现代行政法基本理论. 2 版. 北京：法律出版社，2014.
2. 胡建淼. 行政法学. 5 版. 北京：法律出版社，2023.
3. 陈敏. 行政法总论. 10 版. 台北：新学林出版有限公司，2019.
4. 应松年主编. 当代中国行政法. 北京：人民出版社，2018.
5. 姜明安主编. 行政法与行政诉讼法. 8 版. 北京：北京大学出版社，高等教育出版社，2024.
6. 章志远. 行政法学总论. 3 版. 北京：北京大学出版社，2022.
7. 余凌云. 行政法讲义. 4 版. 北京：清华大学出版社，2024.
8. 马怀德主编. 行政诉讼原理. 2 版. 北京：法律出版社，2009.
9. 胡建淼. 行政诉讼法学. 北京：法律出版社，2019.
10. 姜明安. 行政诉讼法. 4 版. 北京：法律出版社，2021.
11. 何海波. 行政诉讼法. 3 版. 北京：法律出版社，2022.
12. 梁凤云. 行政诉讼讲义. 北京：人民法院出版社，2022.
13. 沈岿. 国家赔偿法：原理与案例. 3 版. 北京：北京大学出版社，2022.
14. 章志远. 行政法案例分析教程. 北京：北京大学出版社，2016.
15. 余凌云. 行政法案例分析和研究方法. 3 版. 北京：清华大学出版社，2024.
16. 章剑生，胡敏洁，查云飞主编. 行政法判例百选. 北京：法律出版社，2020.

17. ［英］卡罗尔·哈洛，理查德·罗林斯．法律与行政．杨伟东，等译．北京：商务印书馆，2004.

18. ［英］彼得·莱兰，戈登·安东尼．英国行政法教科书：第五版．杨伟东，译．北京：北京大学出版社，2007.

19. ［美］理查德·B. 斯图尔特．美国行政法的重构．沈岿，译．北京：商务印书馆，2021.

20. 王名扬．法国行政法．北京：北京大学出版社，2016.

21. ［德］哈特穆特·毛雷尔．行政法学总论．高家伟，译．北京：法律出版社，2000.

22. 刘飞．行政诉讼制度专题研究：中德比较的视角．北京：法律出版社，2016.

23. ［日］盐野宏．行政法总论．杨建顺，译．北京：北京大学出版社，2008.

24. ［日］盐野宏．行政救济法．杨建顺，译．北京：北京大学出版社，2008.

25. ［日］盐野宏．行政组织法．杨建顺，译．北京：北京大学出版社，2008.

26. 王天华．行政诉讼的构造：日本行政诉讼法研究．北京：法律出版社，2010.

27. ［日］小早川光郎．行政诉讼的构造分析．王天华，译．北京：中国政法大学出版社，2014.